読みなおす
日本史

日本人のひるめし

酒井伸雄

吉川弘文館

まえがき

会社の仕事でヨーロッパへ出張したおり、訪問先の関係者との会食の席でよく発する質問があった。「あなたの国では、一日三回の食事のなかで、どの食事がもっとも重要な食事とされていますか？」主な訪問先であったドイツ、スイスだけではなくイタリアやスペインでも「それは昼食である」という答えが返ってくる。このやりとりをきっかけにして、しばらくの間は食卓に日欧の食の比較文化論の花が咲く。とにかく、ヨーロッパでは一日三食のなかでも、昼食がもっとも重要な食事として認識されているのである。

ひるがえって日本の昼食はどうであろうか。家庭の主婦は朝の残り物やあり合わせのもので昼食をすませ、自分一人の昼食のために何かを作るということは稀である。学校や勤め先に出かける人びとの場合、ほとんどの人が昼食を給食や外食ですませ、弁当を持参する人は少ない。外食や給食で昼食をすませるかぎり、昼食に焼き魚定食を食べて、家に帰ればサンマの塩焼きが待っているという具合に、昼食は主婦のコントロール外におかれ、朝食や夕食とはまったく脈絡のない食事になる。そのうえ、給食ではメニューの選択ができないことが多く、できても選択の幅はきわめて狭い。外食で昼をすませる場合は、早くて安くてそこそこの味かどうかがメニュー選択の決め手になる。○○を食べようという意志よりは、とりあえず腹を満たすことにウェイトをおかれることが多い。日本の昼食は一日三回の食事のなかでは存在価値が低い、といってもいいすぎではないであろう。外食の場合には自分の好みのものが食べられる。会社や役所で給食を食べるにしても、定食にするか麺類にするかくらいはメニュー選択の余地があるのが普通である。見かたを変えれば、サラリーマンにとっては自分の裁量で食べるものを決められる唯一の食事機会が昼食である。この「ひるめし」を縦糸にして本書は組み立てられている。

一年三六五日、一日三回の食事をすると、年間では約一一〇〇回も食事をすることになる。三〇歳の人は三万三〇〇〇回も、五〇歳の人は五万五〇〇〇回もの食事をしてきた計算になる。どんなことであっても、同じことを三万回、五万回繰り返せば、それはプロの世界である。中年と呼ばれる年齢に達すれば、食べることに関しては誰でもプロのはずである。そのプロたちの現実の姿はどうであろうか。食べることに関して交わされる会話は、「どこの店のあの料理がうまい」「○○地方で取れる□□がうまい」といったグルメ談議、「カレーを作るのにはヨーグルトを入れなくてはおいしくない」といったような調理法談議、つまり食べ物のおいしさを求めての個人的な体験論がほとんどである。レストランのよしあしも、食材の良否も、調理法も食の文化の一部ではあるが、ここにはおいしく食べたいという人間の生物的な側面が強く表に現れている。ヒトも動物の一種であるからそれはそれで大切なことであるが、もうすこし文化的な側面や社会的な側面の話題がとりあげられてもよいのではなかろうか。食の文化への関心、食の歴史の成り立ちへの関心は残念ながら低いといわざるをえない。

先にも書いたとおり、本書の構成の縦糸は「ひるめし」である。それを織りなす横糸として、「食の歴史」と「食の文化」という視点を選んだのが本書の基本構成である。できるだけ手あかをつけないように織りあげたつもりである。食の歴史も食の文化も広く深い。本書ではそのごく一部に触れたにすぎない。

本書は基本的には二部構成となっている。第一章「『ひるめし』のはじまり」は導入部であって、いつどのようにして昼食を食べるようになり、一日三食という現代の食事様式が成立したかについて述べたものである。

第二章から第四章までが第一部に相当しており、家の外で食べる昼食の形態つまり弁当、給食、外食について歴史的な成り立ちや現在の食生活への影響などを、ヨーロッパの事例なども紹介しながら論じたものである。

第二部に相当するのが第五章および第六章である。ここでは、サラリーマンが外での昼食の際によく食べる麵類とカレーライスをとりあげて、食の文化と食の歴史という視点でスポットライトをあてたものである。第一部が食事の形を論じたものであるのに対し、第二部では昼食時の食べ物について論じている。終章では日本人の「ひるめし」が今後どのような形に変わってゆくのであろうか、ひとつの仮説を提示した。

本書を執筆するに際して参考にした文献は一四〇〜五〇冊におよぶ。それらを参考文献として羅列しても、本書を読まれて食の文化や歴史に興味を持たれた読者が、その中のどれを読んだらよいのか見当がつかないのが普通であろう。食の文化や歴史に興味を持たれた読者を想定して、食の文化を学ぶうえでまず最初に読まれたほうがよいと思われる本、しかも通勤電車の中でも家のソファーに寝転んでも、気軽に読める本を巻末にリストアップした。それぞれ簡単に内容を付して参考文献とした。

本書を読んでいただいて、家族とあるいは友人同僚との食事のおりに、食の文化に関する話題が食卓にのぼってくれたらと願っている。また、本書をきっかけにして、食の文化に興味を持たれる読者が一人でもふえれば幸せなことである。

目 次

第一章「ひるめし」の誕生

(1) 食事回数の常識

一日三食は常識か

現代の文明社会では、一日に三回食事をすることに誰も何の疑問も感じていない。食事の回数は二回でも四回でもよさそうなものであるが、なぜか文明社会での食事は一日三回が一般的であり、誰しも一日に三回食事をすることを常識であると思っている。朝食を食べないで一日二食で過ごす人もいるが、その人にとっては「朝食を食べない」という意識があって、それは一日三食という常識が下敷きになっているのである。

人類の文明はナイル川、チグリス・ユーフラテス川、ガンジス川、黄河の流域から発祥してきた。それぞれがエジプト文明、メソポタミア文明、インダス文明、黄河文明として独自の発展を遂げ、やがてはお互いに影響を及ぼしあって、現在の文明社会が形づくられてきた。四大文明のいずれから発展してきた文明社会であっても、現在では一日に三回の食事をすることは間違いなく共通した現象である。フランスへ行っても、トルコへ行っても、インドへ行っても、中国へ行っても、もちろん日本でも、一日に三回の食事をすることが常識になっている。

食事の回数が共通であること、つまり一日に三回食事をするという現在の文明社会の常識は、いつの時代にもどんな地域にも通用する常識なのであろうか。遠くさかのぼって、ヒトの祖先が地球上に現れたときから、ヒトは一日三回の食事をしていたのであろうか。チンパンジーやゴリラなどの類人猿が食べ物をとる行動から見ると、どうもそのようには思えない。縄文人は、聖徳太子は、織田信長は一日に何回食事をしていたのであろうか。いつごろからどのような経過で、一日に三回食事をするという習慣ができあがってきたのであろうか。

文明から遠く離れた民族の食生活

文明社会からすこし目を転じると、そこには現在もなお一日三回の食事とは縁のない食事をしている民族がいる。『極限の民族』（本多勝一、朝日新聞社、一九六七）では、著者が現地に滞在してそこの住民の生活ぶりを描いている。そのなかから、現代の文明の影響をほとんど受けることなく生活を営んでいるカナダエスキモー（イヌイット）と、ニューギニア高地人の食生活をのぞいてみよう。

カナダの東北端にあって、北極圏の近くに位置する人口四〇人たらずのウスアクジュ部落。カナダエスキモーのなかでも「最も近代文明の波から離れた」という部落の住民の食事の模様が次のように書かれている。

「食事」とは、いったい何だろう。われわれはすぐに、食卓をかこむ情景を思いうかべる。あるいは朝食、夕食といった一定の食事時間を連想する。好きな料理もまぶたにうかぶ。だが、エスキモーにとっては、こうした意味の食事は存在しない。食事とはただ「食うこと」。腹が減ったとき、食い物を胃袋につめこむだけだ。一家そろって食べるときもなければ、食事時間もない。

（略）そのうちに腹の減った者が、片スミの食料置場で勝手に生肉を食べる。腹の減る時間は各人各様。食料置場にラッシュはない。

食料置場へは、となりの食料貯蔵室から、ときどき肉のかたまりが小出しにされる。（略）室内は暖かいからこおったのが溶けてべとべとし、中には腐りかけたのもある。

もうひとつ、ニューギニアでいちばん高いナッソウ山脈の北側に位置し、ニューギニア高地のなかでも文明のニオイのするものはひとかけらもないというウギンバ部落。土器の類もまったくないというウギンバ部落での、著者のいう「生きている無土器文化」における食事の様子も次のように紹介している。

午後の二時か三時ころになると、畑仕事を終えた一家がそろって食事を始める。ただし、一家がそろうような食事は、たいてい一日一回。あとは（室内のイロリの灰で焼いた）イモのベントウを持ち歩いて、腹が減ったら勝手に食べる。（略）

「ザル」（ユリ科の灌木の名前）の葉三、四十枚で（庭に掘ってある）穴ボコが厚く敷きつめられると、野菜を入れる。（略）そこへ細長いヒョウタンに入れた水を二、三百ｃｃばらまいてしっとりぬらす。

そのころ、たき火のマキはほぼ燃えおちて、のせてあった石がすっかり焼けている。（略）焼け石を受けとると（略）野菜を入れた穴の中に押し込む。焼け石が一〇個ほどはいると、さらに野菜を投げ込む。（略）野菜を入れ終わると、再び水をまいてぬらし、最後に焼石十数個を「ザル」で包んでのせる。（略）

あとは穴ボコのまわりに出ている〝ザル〟の葉を中へ折り込み、すっかり包みこんで、重しの石を乗せれば、食事の準備は終わりだ。このまま十数分間（略）放置しておく。

（略）いよいよ食事開始。一同、穴のまわりに集まる。（略）こうして料理された野菜は焼け石の高熱のために、ナベなどの水で煮たよりはるかによく煮えている。

カナダエスキモーの社会では人びとが集まって一緒に食事をする習慣はまったく存在しない。一方、ニューギニア高地人の社会でも、蒸し焼きにした野菜を食べるために一日に一回集まって食事をするほかは、一人一人が勝手に焼いたイモを食べている。

調理することで生まれる共食の場

ニューギニア高地人の調理の例に見るように、器などなくても火と水さえあれば調理はできる。この火と水は人間の生活にとって必要なものであり、そのうえ非常に便利なものではあるけれども、放っておいたら火事になったり家の中を濡らしてしまうなど、どんな災害をもたらすかしれない。生活のための火や水を人間が自由に操ることがむずかしかった時代、栽培植物もなくアク抜きなど調理加工に手間のかかる食品素材が多かった時代、調理のための器具も発達していなかった時代、食べ物を調理するということは、ニューギニア高地人の調理に見られるようにたいへんな作業であった。ガスと電気によって火を、井戸水や水道と流し台によって水を自由に扱えるようになった現代の社会のように、個人が勝手に食べ物を調理して食べるなどということは考えることもできないことであった。

カナダエスキモーの社会もニューギニア高地人の社会も、四大文明のいずれにも縁がないし、現代の文明社会からもはるかに遠く離れた存在である。彼らの社会では、基本的に食事は一人一人が腹の減ったときに食べるものであるようだ。現在、私たちの常識になっている一日に三回の食事は、現在の文明社会での習慣であって、カナダエスキモーやニューギニア高地人の社会では考えることさえできない。彼らの食事、つまり腹が減ったら一人一人が勝手に食べるというパターンは、人類が最初から身につけていた食事の習慣であったことは間違いないであろう。ふだんは腹が減ったら勝手にイモを食べているニューギニア高地人が、一日一回の「焼け石料理」の際には、家族全員が集まってきて食事をしている点を注目したい。手間のかかる調理をすることによって家族が集まって食事をする場、つまり「共食」の場が生まれてくるのは当然の結果であろう。

豊かだった縄文人の食生活

日本人の先祖である縄文人、彼らの食事はどのようなものだったのだろうか。縄文時代というと、未開で野蛮な原始時代、いつも獲物を求めて歩き回り、絶えず飢えにおびやかされ、厳しい自然環境のなかで生活をしていたと想像しがちである。しかし、青森市の三内丸山《さんないまるやま》遺跡など、あらたな縄文の遺跡が発掘されることによって、縄文時代の豊かな生活ぶりが次第にあきらかになってきている。

木の実の生産性一つをとっても、一〇アール（一反）あたりで六五キログラム程度の収穫は可能であり、同じ面積の水田の収穫の八分の一にも相当する高い生産性を示すという。気候が温暖であった縄文中期は、縄文時代を通じて人口がもっとも多かったとされているが、北海道を除く日本列島の人口は二六万人と推定されており、その人口の大部分は東日本に集中していた。当時の関東地方の人口密度は一平方キロメートルあたり二・九八人と計算され、この数字は現存する狩猟採集民族のなかでも、資源に恵まれている民族の人口密度に匹敵する数字であるという。

日本人の身長が時代とともにどのように変わってきたかについて、平本嘉助の研究によると、縄文時代を通じてもっとも人口が多かった縄文中期で男子の平均身長が一五九センチ、古墳時代には一六三センチまで伸びたが、鎌倉時代になるともとの一五九センチに戻り、室町時代と江戸時代では一五七センチ、明治初期には一五五センチであったと推定されている。明治以降の一〇〇年あまりの間に、日本人の平均身長は一〇センチも伸びているが、これは遺伝子が変化したと考えるのではなく、生活条件が変化したことによるものとみるのが妥当である。室町時代から明治初期にかけての身長の低下も、遺伝子の変化によるものではなく、栄養の不足が大きな原因であったと考えるのが妥当であろう。江戸時代にも優る栄養状態、そのくらい縄文時代の食料資源は豊かだったのである。

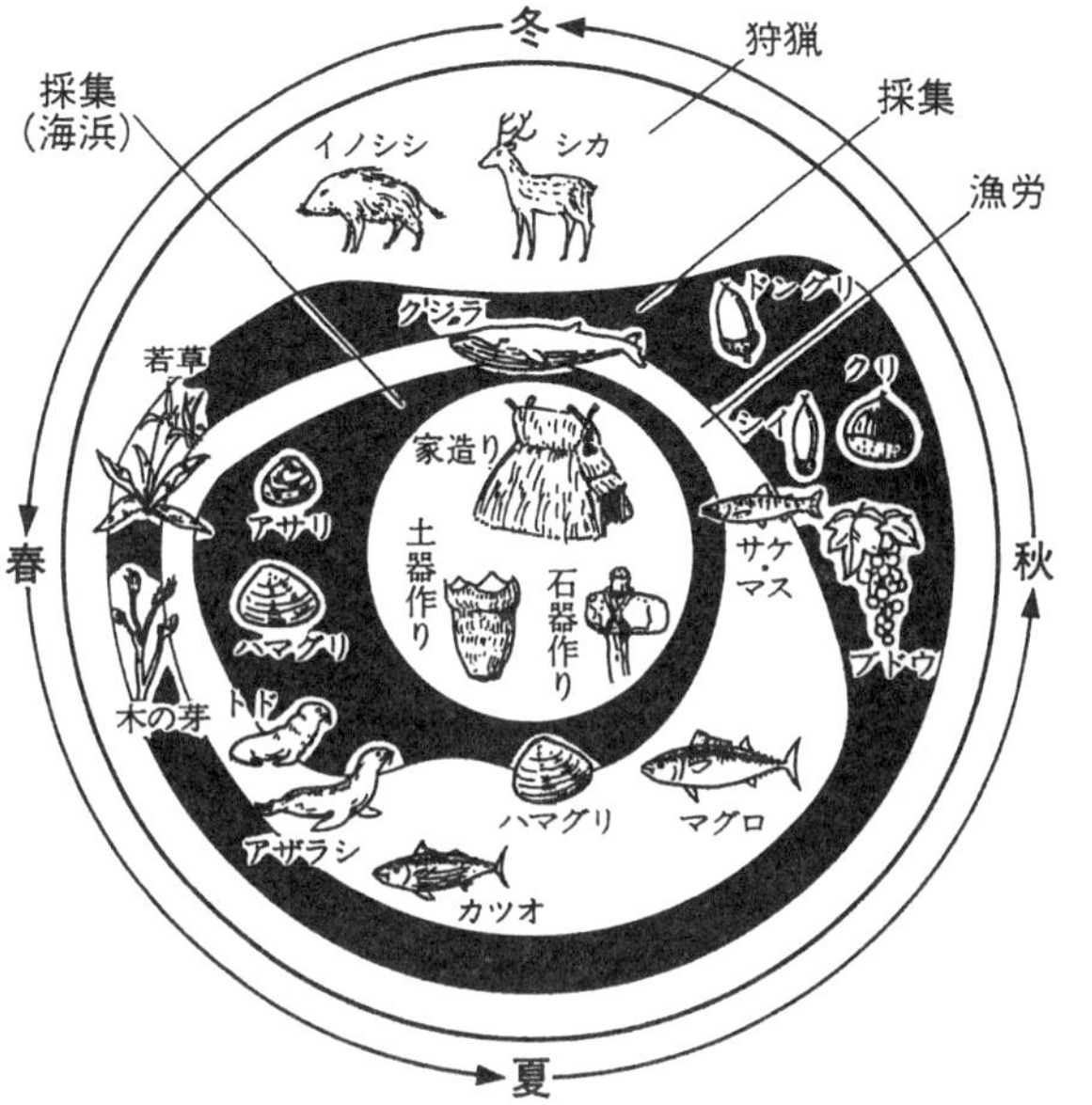

縄文人の生活カレンダー　縄文人は自然の恵みの変化と一体化した生活を送っていた（『縄文人の知恵』埴原和郎）

縄文時代、身近にある食べ物は季節ごとにバラエティーに富んでおり、縄文人はそれらをうまく組み合わせて食べていた。何らかの事情である食べ物が手に入らなくなっても、代わりになる食べ物はいくらでもあり、縄文人は飢えとは無縁の生活をしていた。飢饉が発生するようになったのは、主食を米という一つの作物にしぼりこんだ弥生時代以降のことである。

土器の発明と煮る料理

狩猟によって得られる動物性の食べ物から、主食を植物性の食べ物に切り替えることによって、食べ物を安定して確保できるようになった。縄文人の主要なカロリー源は、初期には木の実（クリ、クルミ、トチの実など）や野生の根茎類（クズ、ワラビなど）であり、晩期になると伝来してきたイモ類（サトイモ、ヤマイモなど）が主食に加わった。これらのデンプン質の食料を生のまま食べても人間は消化することができない。デンプン質の食品を食べるためには、熱を加えて消化できる状態にする、つまりデンプンをアルファ化しなければならない。

耐火性のある縄文土器を発明した縄文人は、従来からの「焼く」「燻《いぶ》す」といった加熱調理の方法に加えて、新しく「煮る」という調理方法を手に入れたのである。「煮る」ことはデンプンをアルファ化するのにはもっとも適した調理法である。そのうえ、繊維質そのものを柔らかくし、ときには毒やアクを抜き、食べ物には味がしみこみ、食べ物が腐るのを防いだりと、「煮る」ことによって植物性の食べ物の範囲は大きく広がった。縄文人の食生活は土器の発明によって一段と豊かになったのである。

縄文人の料理の基本は、土器を使った鍋料理であったと考えられる。生の肉を骨ごと切って大きな土器に入れ、骨髄から出るダシで、木の実や根茎類から採ったデンプンで作っただんごを、一緒に煮込んで食べていた。時がたつにつれて、アクを抜いて作った木の実や根茎類の粉をこねて、クッキー状に焼いて食べるようにもなった。

縄文人の食事回数は

各地で遺跡の発掘が進むにつれて、縄文人が何をどのように食べていたかは、次第にあきらかにされてきている。時代の経過とともに、縄文人の食生活は狩猟中心から植物性の食べ物中心へと移り変わっていった。植物性の食料は調理加工を必要とするものがほとんどであった。文字がなかった当時の記録は何も残っておらず、縄文人が一日に何回食事をしていたかということになると定かではない。しかし、食事のために土器を使用して調理を行なっていたのは確かであり、少なくともそのつど、家族が集まって食事をするようになっていたことは間違いない。

(2) 一日二食の時代

『魏志倭人伝』に見る食生活

『魏志倭人伝《ぎしわじんでん》』は現存する文書類のなかでは、日本のことについての記述があるもっとも古い文書の一つである。この本は三世紀前半の日本の政治、地理、風俗のことなどについて、中国人の目を通して書かれたものである。そのなかで卑弥呼《ひみこ》については、次のようなことが書かれている。

卑弥呼は巫女《みこ》であり呪術（まじない）にたけていて、人を引きつける力があった。年はすでに高齢であり、夫は持っていない。弟がいて政治を行ない国を治めている。王となってからの卑弥呼の顔を見たことのある者は少ない。また侍女千人が仕えている。弟以外に一人の男性がいて、これが卑弥呼の食事の面倒をみたり、外部からの用件を伝えるため、部屋に出入りする。

さらに『魏志倭人伝』からは、当時の日本人の食生活についても多くのことがわかる。対馬国《つしまこく》については「千余戸あり。良田なく、海物を食して自活し、船に乗りて南北に市糴《してき》す（米を買う）」と書き、佐賀県唐津市付近に存在していた末盧国《まつらこく》についても、「四千余戸あり。山海にそうている。（略）好んで魚鰒（魚とアワビ）を捕らえ、水深浅となく、皆沈没（潜水）してこれを取る」と記している。また、卑弥呼のいた邪馬台国《やまたいこく》の食生活についても次のようなことが書かれている。

・稲や麻を植えており、カイコを飼っている。
・土地は温暖であって冬でも生野菜を食べている。
・食事のさいには高坏《たかつき》（食べ物を盛る脚つきの台）を使うが、箸や匙を使わず手づかみで食べている。
・葬式のおりには、棺をとめておく間は肉を食べないし、葬式に行った者は酒を出されて、飲みかつ歌う。
・ショウガ、タチバナ、サンショウ、ミョウガなどがあるが、これらを使って料理をおいしくすることは知らない。

『万葉集』に詠まれた食生活

奈良時代の末期に作られた『万葉集』は日本でもっとも古い歌集であって、仁徳《にんとく》天皇の皇后磐姫《いわのひめ》の歌から天平宝字三年（七五九）の歌まで、四〇〇年近くにわたる歌が集められている。これらの歌には、天皇から農民まで、この時代の人びとの生活が歌われている。

醬酢《ひしおす》に　蒜《ひる》搗《つ》き合《か》てて　鯛願ふ　我にな見せそ　水葱《なぎ》の羹《あつもの》　（巻十六・三八二九）

この歌は、文武天皇（在位六九七〜七〇七）のころに長忌寸意吉麻呂《ながのいみきおきまろ》が詠んだ歌で、当時の日本人の食生活を知るうえで便利なので、古い時代の料理や食べ物について書かれた本にはしばしば引用されている。醬と酢を混ぜたもの（現在の酢味噌にでもあたろうか）にノビルの搗漬《つきづけ》という漬物を添えて、鯛を食べたいと思っているのだから、水葱（ミズアオイの昔の呼び名）の吸いものなどは見せないでくれ、という意味である。

この歌を引用した多くの本では、「醬と酢を合わせたものに、ノビルを搗き砕いてまぜて」と説明している。江戸時代までには完全に姿を消してしまった漬物に、搗漬と呼ばれる漬物があった。搗漬は野菜を塩とともに臼《うす》で搗いたもののようであるが、詳しいことはわかっていない。韮搗《にらつき》、菁根搗《かぶねつき》、多々良比売花搗《たたらひめはなつき》などの名前が古い文書に見られるという。多々良比売花とは紅梅のことであろうといわれている。歌のなかの蒜搗はノビルの搗漬と解釈したほうが自然であろう。

このほかにも、『万葉集』には食べ物のことを詠み込んだ歌が数多くあり、当時の食生活をかいま見ることができる。そのいくつかを紹介する。

石麻呂《いしまろ》に　吾もの申す　夏痩《なつや》せに　よしと云ふものぞ　鰻《むなぎ》とりめせ　（巻十六・三八五三）

大伴家持《おおとものやかもち》が吉田連《よしだのむらじ》石麻呂というやせた老人にむかって、夏やせにはウナギが効き目があるということだから、取って食べたらどうかとすすめている歌である。夏バテの栄養補給にはウナギがよいという考えは、万葉の時代も今も変わっていない。

家にあれば　笥《け》に盛る飯《いい》を　草枕《くさまくら》　旅にしあれば　椎《しい》の葉に盛る　（巻二・一四二）

朝廷にそむいた謀叛人として捕らえられた有間皇子《ありまのみこ》が、尋問を受けるために紀伊にむかう旅の途中で詠んだ歌である。家では器に盛って食べる飯を途上だから椎の葉に盛っている、という意味である。先代の天皇の皇子であってさえも、旅先では椎の葉に飯を盛って食べていたのであろうか。

君がため　醸《か》みし待酒《まちざけ》　安《やす》の野に　ひとりや飲まむ　友なしにして　（巻四・五五五）

大宰師《だざいのそち》（長官）であった大伴旅人《たびと》が、大弐《だいに》（次官）であった丹比真人《たじひのまひと》県守《あがたもり》が都へ栄転するのに際して贈った送別の歌である。大伴旅人が生きていた奈良時代の初期には、麴《こうじ》を使ってデンプン質を糖化させてから酒を醸す方法が大陸から伝わってきている。大陸文化の受け入れ窓口であった大宰府の長官大伴旅人が飲んだ酒は、当然のことながら麴を使って作った酒であっただろう。

東大寺の給食の記録

このほか、『古事記』『日本書紀』や各国の風土記をはじめとする古い文書にも、当時のさまざまな食生活の模様が描かれている。『正倉院文書』の天平宝字六年（七六二）四月二日の条には、東大寺で青銅の鏡を作る仕事をしている雑工と雑役夫に給食をした記録が残っている。その際に給食として支給されたものから当時の庶民の食べ物をかいま見ることができる。雑工には米二升（現在の約八合、一合は一八〇ミリリットル）、塩四勺（〇・四合）のほか四種類の調味料と二種類の海藻が支給されている。雑工より一ランク下の雑役夫には、米二升、塩四勺のほかにはワカメが支給されているだけである。米と塩を支給するのは当然のこととして、両者ともに海藻が支給されており、奈良時代には海藻が大切な食べ物であったことが読みとれる。このように、古い文書の記述から当時の日本人の食生活の一端をうかがい知ることができるのである。

伊勢神宮の神事の純粋性

古い文書以外に、古くから伝わる儀式や芸能からも多くの手がかりを得ることができる。信仰の世界では、人間は保守的になる傾向があるらしく、世界中の多くの民族では一〇〇〇年も二〇〇〇年も昔の作法やしきたりが、現在まで昔のままの形で伝わっていることが多い。神前に供えられる神饌《みけ》は、間違いなく遠い昔の人たちが喜んで食べていた食べ物である。

奈良時代に唐から伝わってきて、平安朝の貴族に好まれた食べ物に唐菓子《からくだもの》がある。小麦粉や米粉を練っていろいろな形にして、ゴマ油などで揚げたものである。長い歴史をもっている春日大社、春日若宮、下鴨《しもがも》神社、摂津の住吉大社などには、餢飳《ぶと》や糫餅《まがり》、梅枝《ばいし》などと呼ばれる唐菓子が今も供えられており、これらの神社の神饌には中国の影響が見てとれる。多くの神社のなかでも、日本人にとって最高の神である天照大神《あまてらすおおみかみ》を祭ってあるのが伊勢神宮である。ここでは、唐菓子の供え物のような外国からの影響はほとんど見られない。

神道の教えと仏教の教えを折衷して結びつけ、一つの教えにまとめあげようとした神仏習合の動きに対しても、伊勢神宮には徹底的に抵抗をした歴史が残っており、明治になるまでは僧侶が参拝することを固く禁じていたほどである。

明治に入ると、神道は国教として位置づけられ、明治四年（一八七一）には、すべての神社を官幣《かんぺい》社《しゃ》（宮内省から神に奉納する物一式が支給される）、国幣社《こくへいしゃ》（祈年祭と新嘗祭《にいなめさい》には宮内省から、例祭には国庫から神に奉納する物一式が支給される）、府・藩・県社、そして郷・村社に格づけする官国幣社の制定があった。こうして、すべての神社は国の基準に従って、官幣社から郷・村社までのいずれかに格づけされるようになった。さらに、明治四〇年には「神社祭式行事作法」が内務省告示として示達され、それぞれの神社の格に応じた祭式や作法が定められた。それぞれの神社に昔から伝わってきた多くの神事は、この告示を境にして姿を消していった。このような状況のなかでも、伊勢神宮をはじめとする格式のある大きな神社では、昔からその神社に伝わっている神事を特殊神事と称して守り続け、伝統ある神事を今日に伝えているところが少なくない。

伊勢神宮の御饌は一日二回

そのようなわけで、伊勢神宮で行なわれる神事のなかには、千数百年前のやりかたをそのままに伝えているものが非常に多い。伊勢神宮では、「日別朝夕大御饌祭《ひごとあさゆうおおみけさい》」というお祭りが毎日行なわれる。御饌とは神様にお供えする食事のことで、「日別朝夕大御饌祭」は読んで字のごとく、毎日朝と夕方の二回神様にお食事をお供えするお祭りである。この大御饌祭は平安時代の昔から引き継がれてきた神事で、その当時の食事習慣をそのまま伝えていると考えられている。

朝夕の二回「日別朝夕大御饌祭」が行なわれていることからわかるように、平安時代には、一日二回の食事がごく普通のことであった。また、平城宮跡から出土した木簡のなかにも「常食朝夕」と書かれたものがみつかっており、奈良時代に食事が一日二回であったことを裏づけている。

大御饌祭の時刻は四月から九月までは、朝は午前八時、夕方は午後四時、一〇月から三月までは、午前九時と午後三時である。この時間帯もまた、古代における日本人の食事時間の習慣をそのまま伝えていると考えられる。平安時代までは、人はもとより神様も一日二食が常識であった。

一日二食が農民の常識

鎌倉時代の中ごろ、建治元年（一二七五）一〇月二八日、高野山の領地である紀伊国の阿氐河荘《あてがわ》（現和歌山県有田《ありだ》清水町）の百姓たちが、地頭の湯浅氏の横暴を荘園領主である高野山に訴え出た文書が『高野山文書』のなかにある。それによると、地頭の湯浅氏は年貢を強引に取りたてようとして、百姓のところへ武装した部下を踏みこませ、乱暴を働き、抵抗する百姓の耳や鼻をそいだりした。そういう地頭側の悪行を一三か条にわたって書きつらねたなかに、「セメト（責取）ラザランカギリ（限）

ワ、ナン十日モタツマジト候テ、一日ニクリヤ（厨）三ドヅツシ候コト」という一条がある。つまり、百姓が命令に従って年貢を出さないかぎり、何十日でも百姓の家から出ていかないと脅かし、一日三度ずつ食事を出させたという内容である。

この訴えの文書では、一日に三回の食事をすることが、耳や鼻をそぐことと同じように悪行の一つとして数えあげられている。中世においても、一日に三回も食事をすることは異常な行為であり、むしろ悪行であるとさえ考えられていたことが見てとれる。

当時の人たちにとって常識であった一日二回の食事はどのように呼ばれていたのであろうか。多くの古文書が散逸してしまったなかで、現在までほぼ完全な形で残っている『延喜式《えんぎしき》』は、古い時代のことを研究するうえでは非常に重要な史料である。この『延喜式』の祝詞《のりと》のなかに、朝御食《あさみけ》、夕御食《ゆうみけ》という言葉がでてくる。この言葉が現在の朝食、夕食という言葉につながっているのである。一日二食の時代、二回の食事は朝の食事と夕方の食事とであった。『延喜式』が編纂された一〇世紀ころには、昼の食事という考え方も、昼御食という呼び名も存在していなかった。

史料としての『延喜式』の価値

律令国家のなかで、『延喜式』がどのような位置を占めていたのか、若干の説明を加えておく。律令制度の下での法律は、律《りつ》、令《りょう》、格《きゃく》、式《しき》の四群に分けられる。「律」は今日でいう刑法が主であり、「令」は民法を主にして「律」以外の法律全部を収めている。「格」は勅令や閣令や慣行法のことで、

「式」はこれら全体の施行規則である。養老律令（七五七年施行）の格と式として、平安時代に入ってからは弘仁（八一〇〜八二四）、貞観（八五九〜八七七）そして延喜（九〇一〜九二三）年間と、三回にわたって三つの格と式が施行されたが、『延喜式』以外の格と式はほとんど散逸して失われてしまった。『延喜式』は巻一「神祇《じんぎ》一」から巻五十「雑式《ざつしき》」におよぶ膨大な文書で、そこには各役所の仕事や、儀式や祭礼の準備やてだて、さらには充てられるべき費用や食料がこと細かに記載されている。

間食は食事回数に入らない

一日二食といっても、必ずしも朝食と夕食の間に何も食べなかったというわけではない。『枕草子』のなかの「いひにくきもの」という一節に、

猫の土におりたるやうにて、工匠《たくみ》の物くふこそいと怪しけれ、新殿を建てて、東に対《たい》だちたる屋を作るとて、工匠ども居並みて物くふを、（略）

とある。これは大工たちが仕事の途中で一服して、ものを食べている様子を書いたものである。大工などのように力仕事をしなければならない職人たちは、貴族や僧侶など上流の人びととはちがって、朝夕の食事のほかにも間食をしていたらしい。また、『延喜式』には辺境の兵士や機織《はたおり》工などに間食用の米を支給する定めがあり、『源氏物語』にも貴族たちは従者や宿直《とのい》の者たちに夜の屯食《とんじき》（握り飯のこと）を与えるなどと書かれている。

労働をする人たちが昼食に相当するものを間食として食べることは、ごく当たり前のことになって

いた。農民や漁師も仕事の忙しいときには、昼の食事やそのほかにも間食をとっていたが、これらの食事はあくまでも臨時の食事であって、仕事をしないときには食べないのが普通であり、正式の食事としては認められていなかった。

(3) 「ひるめし」のはじまり

公家社会では鎌倉時代から

現代人は一日に三回食事をすることを常識と思っているが、日本の歴史を一〇〇〇年もさかのぼると、それはどうも非常識の世界であり、場合によっては悪行として訴えられかねなかった。また、いまでも地球上には、腹が減った個人がその時々で勝手に食べるだけで、家族が集まって食事をする習慣のない民族もいる。一日に三回食事をするという習慣は、いつごろに生まれたのであろうか。

鎌倉時代に順徳天皇（即位一二一〇年）は『禁秘抄《きんぴしょう》』を著して、古代の朝廷の儀式を次のように顧みている。鎌倉時代の初期には、朝廷を含めた公家社会では一日三回の食事が定着していた様子がうかがわれる。

昔は天皇の供御は、朝夕の二回、大床子《だいじょうし》にのせた正式の御膳ですすめたが、近ごろは略して一回だけである。しかし朝餉の間ですすめる御膳は、朝・夕と夜の三回で、朝は巳《み》の刻（午前十時)、夕は申《さる》の刻(午後四時)の定めがあっても、三度食事をするため、昼食は未《ひつじ》の刻(午後二時)にし、夕食は夜に入ってからとるようになった。

寺院では点心が普及した室町末期

鎌倉時代、栄西《えいさい》によって臨済宗《りんざいしゅう》が、道元《どうげん》によって曹洞宗《そうとうしゅう》が宋《そう》から伝えられた。宗旨だけが伝わってきたのではない。当然のことながら、禅宗にまつわるもろもろの文化も一緒に伝わってきた。そのなかに点心《てんじん》があった。

点心とは、食事と食事の間の空心(空腹のこと)に点ずる食べ物という意味で、つまりは間食のことである。現代の中華料理店で出てくる食後の菓子も点心と呼ばれるが、その点心とはまったく別のものである。嘉元元年(一三〇三)に鎌倉幕府は円覚寺の僧に、点心は一種を超えてはならないと命じており、この時代の禅僧の生活のなかに、朝夕の食事のほかに点心という名の間食が習慣化していたことがわかる。室町時代の末には、禅宗以外の宗派でも点心という言葉を使うようになっており、そのころには僧侶の間には一日に三回の食事をすることが定着していたことがわかる。

室町時代の初期に成立した『庭訓往来《ていきんおうらい》』のなかには、一五品の点心の名前があげられている。温糟《うんぞう》と呼ぶ粥《かゆ》、饂飩《うんどん》・索麵《そうめん》・棊子麵《きしめん》などの麵類、巻餅《けんぴん》・温餅《おんぴん》などの餅《ぴん》類、饅頭《まんじゅう》、羊羹《ようかん》・猪羹《ちょかん》などの羹《あつもの》などである。ここに出てくる餅は日本でいう「もち」ではない。中国の餅《ぴん》とは小麦粉を使った食べ物全体のことで、日本では月餅《げっぺい》などにその名前が残っている。羊羹や猪羹は、もともとの中国大陸では羊や猪の肉を使った汁ものであったが、日本に伝わってきたときには料理の種類を示すだけで、肉類は使わない汁ものであった。

江戸時代には武士と庶民も

上流階級や寺院などの間に一日三食が定着しても、地方に住む武士たちは中央の文化から遠く離れており、古い時代からの一日二食の食生活を守っていた。一七世紀半ばの『武者《むしや》物語』（松田秀任）には、相模国小田原の北条氏康（一五一五〜七一）が「およそ人間は、たかきも下きも、一日に両度づつの食なれば、是をたんれんせずといふ事なし」と話したと書かれている。戦国時代になってもまだ、武士たちは一日二食が基本であったことがわかる。

江戸時代の見聞雑録『一話一言《いちわいちげん》』（大田南畝《なんぽ》）には、「武士の給料の基準である一人扶持というのは一食二合半の二倍、つまり一日二食五合の米で計算してある」という意味のことが書かれており、江戸の初期になっても武士たちの食事は一日二食であったことを示している。また、江戸時代の随筆集『松の落葉』（藤井高尚）のなかには、「近頃のように、上下をとわず一日三回食事をするようになったのはごく最近のことで、おそらく明暦（一六五五〜五八）前後からのことと思われる。それより前の慶長（一五九六〜一六一五）、元和（一六一五〜二四）、寛永（一六二四〜四四）のころまでは間違いなく一日二食だった」と書かれている。寛永から明暦までのわずか二、三十年の間に、食事の回数が二回から三回へと変わったというのである。公家や僧侶などの上流階級の食事の回数はさておいて、庶民の間で食事の回数が一日三回になったのは、なんと一七世紀のなかばを過ぎたころであり、一日三回の食事はわずか三〇〇年あまりの習慣でしかない。

一日二食から三食へと移り変わったとされている明暦のころは、慶長八年（一六〇三）に江戸幕府が開かれてから五〇年、幕府の基礎が固まりつつある時代でもあった。すぐあとにつづく、町民文化の花が咲き乱れる元禄時代へ向けて、貨幣経済も発達してきている。江戸市街の大部分を焼き払った明暦の大火、いわゆる振袖火事を境にして、徳川家の城下町であった江戸は天下の城下町に生まれ変わっていくのである。大火後の街の復興、焼失した家財道具や身の回りの品々、これらを供給するのは江戸町民の大部分を占める職人や人足・土方であった。彼らは多忙をきわめ、働く時間は長くなり、当然のことながら一日三回の食事をするようになってきた。そうしなければ体がもたなかったのである。

一日三食と灯油事情

働く時間が長くなれば、明かりをつけての夜の生活時間も長くなる。当時の灯油事情を眺めてみよう。世界全体で見れば、植物油は動物油よりずっと遅くなってから使われるようになったと考えられる。日本の場合、江戸時代いっぱい続いた肉食禁忌の風習の影響で、動物性の油といっても、当然のことながら牛や豚などの油があるわけもなかった。鯨油や鰯油はあることはあったが、臭いも強くまたススのでる量も多く、灯油としての品質はよくなかった。灯油としては植物性の油を主に使うしか

江戸時代の油しぼり　ナタネを蒸し、袋に包んで立木（図の中央）で圧搾してしぼる（『製油録』大蔵永常）

なかった。現在ではワタの種子やダイズなどからも油をしぼる技術が発達しているが、昔からの油をしぼる技術では、対象になるのは油を多く含んだ数種類の作物に限られていた。ゴマ、エゴマ、カヤ、ツバキなどが用いられたが、なかでもゴマ油が上等のものとされていた。これらの植物油は灯油や髪油として使われ、ごく一部が食用油として用いられていた。とにかく油は貴重品であり、庶民は油を食用にまわすことなど不可能な状態で、灯火用の油でさえ節約をして使わなければならなかった。

安価なナタネ油の登場

天正十一年（一五八三）、豊臣秀吉は大坂城を築城するとともに、城下町の発展を図るために様々な施策を打ち出したが、その中の一つは油商人と油搾所を大坂へ移転させて、大坂を日本における油搾業の一大拠点とすることであった。元文元年(一七三六)には、大坂に運び込まれるナタネは十二万八千八百石余(一石は一八〇リットル)となり、大坂の油搾業は急速な発展を遂げた。十八世紀に入ると、西国から瀬戸内海を運ばれてくるナタネが灘や兵庫にも荷揚げされるようになり、六甲山系の川沿いに設けられた水車を使って、油搾りが行われるようになった。寛保三年(一七四三)には生産規模で、大坂の人力による搾油業に迫る勢いにまで成長していた。

菜種は秋に種をまき春に収穫をする作物で、水田の二毛作の裏作として栽培されるようになった。この時代、米作に対する年貢の取り立ては厳しかったので、農民は裏作に力を入れており、この当時の裏作を代表する作物はコムギとナタネであった。灘・兵庫での油搾業が発展するのにともない、兵庫県南東部の平野部ではナタネ栽培が広く普及していった。一八世紀の前半では、多いところでもナタネの作付け面積は裏作の二〇パーセント台にとどまっていたが、一八世紀の後期になると、裏作の五〇~七〇パーセントはナタネとなっていた。淀川沿いや河内地方でも、ナタネの裏作は同じようないきおいで普及拡大していった。

植物油の代表であったゴマ油やエゴマ油などよりは、安い価格でナタネ油が大量に出回るようになって、庶民も安心して夜の灯火をともせるようになった。照明という点でも、夜の生活時間が長くなることに対応できるような、社会の仕組みが出来上がっていたのである。

簡素な「ひるめし」の内容

新しく食事の仲間入りをした昼食は、一日三食のなかでどのような位置にあったのであろうか。

よその国のことは知らないが、日本では昔から天皇から一般国民にいたるまで、食事は一日二回ときまっている。(略)武家のやりかたもやはり同様で、朝夕の食事はちゃんと汁もついており、お菜の数も多いが、お昼などはごく簡単にすませることが多い。

先にも引用した『一話一言』の一節である。昔からの一日二回の食事である朝食と夕食には汁も菜もつくのに比べて、一日三食の習慣が定着したそのときから、昼食は簡単なものであったことがわかる。そのならわしは今日にも受け継がれており、どこの家庭でも昼食というと、パンに紅茶、あるいは即席麵なら上等なほうで、家庭の主婦は朝の残りものなどで簡単にすませることが多い。

江戸時代後期の随筆『嬉遊笑覧《きゆうしょうらん》』(喜多村信節《きたむらのぶよ》)には

武家では昼飯を食べることは昔はなかった。昼飯は動き働く人が食べるものである。(略)昼食のことを、侍は中食といい、町人はひるめし、お寺では点心、旅館では昼休み、農民は勤随《ごんずい》、宮中の女房言葉では御供御《おくご》といった。

と記されている。昼食が新しい習慣であるだけに、それぞれの社会で昼食の呼び方が異なっている点が面白い。

文明発祥の地、エジプト、中国での食事回数

中国やヨーロッパでの食事回数はどうであったのであろうか。『荘子《そうし》』や『戦国策』などの古い書物には、「三食」「三餐」など三回の食事を表わす文字が見られる。これらの書物がまとめられた戦国時代（紀元前四〇三～前二二一）の昔、中国大陸ではすでに食事は一日三食であったようだ。奈良時代、律令制度をはじめとして平城京の造営など、唐の文物を模倣して国の体制作りを急いでいた日本であったが、食事の回数だけは中国の一日三食をとりいれようとはせず、その後一〇〇〇年近くも一日二食を維持してきたのである。奈良時代には箸まで伝わって、平城宮での食事には箸が使われるようになっていたことを考えると、この時代になぜ一日三食をとりいれなかったのか、興味のある謎である。

『ファラオの食卓』（吉村作治、講談社、一九八六）には、紀元前一三世紀のエジプトで書かれた『二兄弟物語』が紹介されている。そこには当時のエジプトの農民の生活が書かれている。

昔、兄はアヌブ、弟はバタという名の二人の兄弟がいた。兄は妻を持ち、自分の家を持っていた。弟は兄の家の家畜小屋に寝起きし、兄を父親のように、また兄は弟を息子のように、考えていた。（略）（弟は兄のために）一生懸命に働いた。持って帰った産物は、夕方妻とともにいる兄の前に積み上げ、それから食事をし、自分の寝床のある家畜小屋に戻る。次の日がくると、弟は朝早く起きて食事を作り、兄の前に並べる。そして兄は、弟に昼食用のパンを与える。弟はそのパンを持って、また家畜とともに野原に出かけるのである。

弟が昼食用のパンを持って働きに出かけていることからもわかるように、エジプトではすでに紀元前一三世紀もの昔に、農民でさえも一日三回の食事をしていたのである。

ヨーロッパの食事回数

ギリシャ人は朝食をアクラティスモス、昼食をアリストン、夕食をディプノンと呼んでいたから、古代のギリシャでは一日三食であったことがわかる。どういうわけか、ローマ時代に入ると朝食は消えてしまい、プランディムと呼ばれる昼食とケーナと呼ばれる夕食の一日二食制に変わった。中世のヨーロッパでは、昼の正餐と夕食の一日二食が理想的な食事の形とされるようになった。中世には「一日に一度の食事は天使の生活、二度の食事は人間の生活、三度、四度、それ以上は動物の生活で、人間の生活ではない」ということわざが生まれたほどである。

一七世紀後半に刊行された浮世草子『籠耳《かごみみ》』（苗村艸田斎）には「夕食を食べることさえ、仏さまはいましめて、これを非時《ひじ》と名づけたもうた。まして昼飯を食べることが仏さまの御心にかなうはずがない」と書いてあり、仏は一日一食であったことを説明している。ヨーロッパ中世のことわざでも天使は一日一回の食事であり、中世においては洋の東西を問わず、聖なるものは一日一食であったのはなぜであろうか。

ヨーロッパでは、一日三食になったのは一八世紀のはじめころだといわれているが、一日二食から三食への変わり方は、日本の場合とは異なっている。

ヨーロッパで新しく三食の仲間入りをしたのは朝食であり、その朝食を英語では breakfast というが、その意味するところは fast（断食）を break（中断）させるということで、夕食の後から夜をへて翌日の昼の正餐まで続く長い断食を中断する食事がブレックファーストなのである。フランス語で朝食を意味する déjeuner もまた、英語と同じように断食を中断するという意味である。

質素なヨーロッパの朝食

一日三食が生活に定着してきた経過は日本とヨーロッパとでは異なる。日本では朝食と夕食があって、後から昼食が入り一日二食から三食になったのに対し、ヨーロッパでは昼食と夕食の一日二食制に朝食が加わってきたのである。ヨーロッパでは昼食にウェイトがおかれ、特にラテン系の国々では、断食明けの昼食には時間をかけ、質量ともに一日の食事のうちではもっとも充実させる習慣を持っている。日本では新しく三食の仲間入りをした昼食が、三食のなかでもっとも質素なのとは対照的である。ヨーロッパでも新たに三食に加わった朝食は、ヨーロッパのホテルで経験するいわゆるコンチネンタル・ブレックファーストであり、パンとバターにコーヒーか紅茶だけの質素な食事である。同じように一日三食という食事習慣ではあるものの、日本とヨーロッパとでは三食の成り立ちの背景はまったくちがっているのである。

一七世紀前半から一九世紀はじめにかけては、日本は厳しい鎖国令のもとにあって、日本とヨーロッパの間の交流といえば、わずかに長崎の出島《でじま》を通してのオランダとの細々とした通商しかなく、文化面での交流はきわめて少なかった。それにもかかわらず、地球の東と西でしめしあわせたかのように、ほとんど同じ時期に一日二食から一日三食へと変化していったのは実に興味深いことである。

第二章　弁当の移り変わり

(1) 弁当のはじまり

弁当の語源とはじまり

日ごろなにげなく弁当という言葉を口にしている。弁当の「弁」は正字では「辨」であり、「わける、わきまえる」の意味であって、弁護士の「辯」や花弁の「瓣」とは異なった文字であった。その「弁」と、あたるという意味の「当」の字を組み合わせると、どうして「外出先で食事をするために持ち歩く食べ物」の意味になるのであろうか。『広辞苑』（岩波書店）は弁当について、次のように説明をしている。

（メンツウ（面桶）の転とも便利なもの（便当）の意ともいう）①外出先で食事をするため、器物に入れて携える食品。また、そ

面桶　一人前ずつ飯を盛る曲物

の器物。②転じて外出先や会合などでとる食事。

（酒井注）面桶は一人前ずつ飯を盛る曲物《まげもの》で、ワッパ、マゲワッパなどといわれる。曲物とは檜《ひのき》、杉などの薄い板を円形あるいは小判形に曲げ、底をとりつけて、合わせめを樺・桜の皮などで綴った食器。

「弁当」の語源として面桶説と便利説が紹介されている。面桶説によると、「面」は呉音ではメンであるが漢音ではベン、「桶」は漢音でトウであり、「面桶」を漢音で発音するとベントウになるとしている。一方の便利説では、「弁当」という言葉が使われはじめた一六世紀末には、「弁当」は「便利重宝」という意味で使われていた。「弁当」を実際に使ってみると便利なものであるということで、「弁当」という言葉が定着したというのである。

弁当箱から弁当へ

いわゆる弁当という言葉はいつごろから使われはじめたのであろうか。一七世紀後半の『老人雑話』（江村専斎《えむらせんさい》）には、

信長の時分は弁当といふ物なし、安土に出来し弁当と云ふ物有り、小さき内に諸道具納まると云《いい》、偽《いつわり》ならんとて信ぜぬ者も有しとぞ。

と書かれている。また、江戸時代の後半に出版された辞書『和訓栞《わくんのしおり》』には「べんたう　弁当と書けり、行厨《こうちゆう》をいふなり、昔はなし、信長公安土に来て初めて視たるとぞ」と記されている。行厨とは弁

当を意味する言葉で、厨《くりや》（台所）の代わりに行く先々へ持って行けることを意味している。これらの古い文書から推しはかると、織田信長（一五三四〜八二）が生きていたころの前後に「弁当」という言葉が使われはじめたと考えて間違いない。

弁当という言葉が生まれたころは、弁当は食べ物を入れるための容器、つまり現在の弁当箱の意味で用いられていた。江戸幕府が開かれた慶長八年（一六〇三）、ポルトガル人宣教師によって編纂された日本語＝ポルトガル語の辞書『日葡《にっぽ》辞書』には、早くも弁当という言葉が収録されており、

Bentŏ　ベンタゥ（便当・弁当）　充足、豊富。

Bentŏ　ベンタゥ（便当・弁当）　文具箱に似た一種の箱であって、ひきだしがついており、これに食物を入れて携行するもの。

と説明されている。Bentŏは充足という意味と、携行する食べ物を入れる容器の意味と、二つの異なった意味で使われていたことがわかる。

江戸時代に入ると、弁当という言葉の意味が変わり、弁当の内容も驚くほどの発達を見せた。江戸時代の後期までには、容器のことを意味していた「弁当」という言葉は、外出先で食べるために持参する食べ物を意味するようになり、容器のことは弁当箱と呼ぶようになっていた。「弁当」は現在でもそのまま、持参する食べ物のことを意味する言葉として使われているのである。

旅の携行食は乾飯

外食施設などまったくなかった古い時代、長時間にわたる外出の際には、食べ物を持参することは欠かせなかった。旅行などのおりの道中携行食として、古くから用いられていたのは乾飯《ほしいい》であった。乾飯は糒とも餉とも書かれる。『万葉集』に、

常知らぬ　道の長手《ながて》を　くれくれと　いかにか行かむ　糧米《かりて》はなしに（巻五・八八八）

という山上憶良《やまのうえのおくら》の歌がある。糧米は乾飯のことである。当時の旅行に際しては、食べ物を持っていくことが当たり前のことであった。日ごろよく知らないところへ旅をするときには、乾飯を持っていかないと、どうにも心細かった思いを歌っている。ここに歌われている糧米、つまり乾飯が当時の携行食であった。

乾飯とはもち米を蒸して作った強飯《こわいい》を天日で干したもので、旅中、袋に入れて持ち歩いた。夏には水に漬け、冬には湯の中に入れてふやかして食べるのが普通であった。水がないときには、そのまま口に入れてもよかった。実に簡単で、日持ちのよい携行食であった。

江戸時代になると道明寺糒《どうみようじほしい》が品質のよさをうたわれるようになり、道明寺といえば糒のことを意味するようになった。道明寺は現在の大阪府藤井寺市にあって、聖徳太子の開基と伝えられる寺である。天満宮で神様にお供えした強飯のおさがりを、この道明寺で乾燥して貯蔵していたのが、道明寺糒の起源と伝えられている。現在でも、もち米で作った糒を挽き割ったものを道明寺種、道明寺粉と

いい、つばき餅やさくら餅などの和菓子の材料として欠かせない。冷蔵庫がまだ普及していなかった時代の家庭では、夏場には余った米飯を天日に干して干飯にする習慣があったが、これはうるち米の米飯を干したものであって、家庭でフライパンなどで炒ってアラレとして食べるものであり、糒とはまったく別のものである。

強飯で作った握り飯

外出時の携行食として使われたのは乾飯《ほしいい》だけではなかった。弥生時代の後期には握り飯を携行食として持ち歩いていたと考えられる。弥生時代後期の遺跡とされている石川県鹿島《かしま》郡鹿西《ろくせい》町の杉谷チャノバタケ遺跡からは、三角形の山形をした握り飯が出土している。一九〇〇年くらい昔の炭化した握り飯で、底辺の長さ五センチ、高さ八センチ、厚さは三センチで、表面や割れ目からは米粒の形がはっきりと見え、また米粒は形からみてジャポニカ種のもち米であるという。このように、握り飯は古くから携行食として重宝がられていたにちがいない。

日帰りの外出の際には、強飯《こわいい》で作った握り飯を木の葉に包み、携行食として持参するのが普通であった。もち米を蒸籠《せいろう》で蒸したものが強飯で、現在では赤飯《せきはん》や山菜おこわなどが強飯の姿を伝えている。江戸時代には、葬式などの不祝儀には白い強飯をだすのがならわしであり、これに対して祝い事のおりには小豆を加えた赤い強飯、つまり赤飯を用意するのがきまりであった。

平安時代には握り飯は屯食《とんじき》と呼ばれており、「握り飯」あるいは「おむすび」などと呼ばれるようになったのは江戸時代に入ってからのことである。古代の宮中や貴族の間では、吉凶いずれであっても催し事があるときには、供の者たちなど下級の者に握り飯を配るならわしがあった。下仕えの者たちに配るための握り飯を屯食と呼んでいた。このような由来から、配る側からは握り飯は下賤な食べ物と見られていたのである。一方、古代から中世にかけては、米の飯は庶民にとっては貴重品であった。上流階級からは握り飯が下賤な食べ物と見られようとも、配られた下仕えの者にとっては、握り飯はごちそうであった。

鎌倉幕府が開かれ、武家政治の体制がかたまってくるにつれて、朝廷や諸国との連絡などで旅をする者が増加した。また、武士の集団が移動する機会もふえてきて、兵糧《ひようろう》としての弁当が次第に重要性をましてきた。古代から中世にかけては、旅をすることはめったにないことであり、非日常的なことであったため、乾飯や握り飯には米飯を用いることが多かった。ましてや戦争ともなれば、それは旅よりはるかに非日常的な出来事であり、心身ともに消耗する行動であったから、それを癒すという意味からも握り飯は米飯で作られていたのである。

強飯から姫飯へ

現在の日本人が毎日食べている米飯、つまりうるち米を炊いた米飯のことを姫飯《ひめいい》という。この姫飯が強飯《こわいい》に代わって一般的になってきたのは、鉄製の釜が庶民のあいだに普及してきた室町時代から後のことである。鉄の釜が普及する以前、米の煮炊きには土器が使われていた。姫飯を炊く場合には、炊き上げる最後の時点で、釜のなかの水気がなくなり、釜のなかの温度が非常に高くなるので、その結果ときにはおこげもできる。土器で姫飯を炊こうとすると、最後に炊き上げる段階の高熱で土器が割れてしまう。そんなわけで、土器を使っていた時代の米の食べ方は、土器で湯を沸騰させ、その上にもち米を入れた蒸籠をのせて強飯を作るか、あらかじめ多めの水を入れて、土器のなかの水気がなくならないように煮て粥《かゆ》を作るかのいずれかであった。米飯を炊き上げる段階での高温にも耐える鉄製の釜ができてはじめて、姫飯つまり現代の米飯を炊けるようになったのである。

米飯が強飯から姫飯へと変わったもう一つの理由は、うるち米のほうがもち米よりも収穫量が多かったからである。うるち米を漢字で書くと「粳」、米偏を石偏におきかえれば「硬い」という字になる。筆者の経験では、うるち米を一時間蒸しても二時間蒸しても、もち米の強飯のようには柔らかくはならない。これはもち米とうるち米のデンプンの質の違いによるものであるからどうしようもない。うるち米を強飯として食べるのには硬すぎて不適当なのである。食べる側からすれば収穫量の多いうるち米を食べるほうが経済的である。そのうるち米を粥としてではなく、もち米の強飯のように汁けのない状態で食べたい、という願いから生まれたのが姫飯の炊き方であった。鉄製の鍋釜が普及してきた室町時代から、庶民のあいだでも姫飯が炊かれるようになったのである。姫飯が普及するにつれて、当時のことながら握り飯も姫飯で作られるようになった。

焼き握り飯にする理由

江戸時代に入ると握り飯の形や作り方にも工夫が加えられるようになった。江戸末期の『守貞漫《もりさだまん》稿《こう》』(喜田川守貞)には次のように書かれている。

今ごろは手に塩水をつけて握る。江戸、京坂とも形の決まりはないが、京坂では俵形に握り、おもてに黒ゴマをまくものがある。江戸では円形、三角など径一寸五分くらい、厚さ五、六分にするものが多く、ゴマを使うのは珍しい。多くの場合、握ったあとからこれを焼いている。

と、江戸と上方の握り飯の違いについてふれ、多くの場合、江戸では握り飯は焼いているとしている。『守貞漫稿』の時代を待つまでもなく、姫飯で握り飯を作るようになってから、特に握り飯が戦いに臨む武士たちの必需品となってからは、握り飯を焼くことが一般的になった。姫飯で作った握り飯を焼く理由は二つ考えられる。

第一の理由は握り飯がお互いにくっつくのを防ぐことである。当時は一日二食、一食の基準が米二合半の時代であり、一食分で大きな握り飯が五個にもなる。粘りけのある姫飯で作った握り飯は兵糧袋に入れて腰にしばりつけ、戦闘に参加して山野を駆けめぐっているうちには、握り飯はお互いにくっつきあって、大きなだんご状になってしまう。海苔を巻こうにも、現在のようにシート状に成型された海苔はまだ発明されていないし、海苔は海藻のなかでも最高位を占めており上流階級の食べ物であった。そこで工夫されたのが、握り飯の表面を焼いてこげ目をつけることによって、お互いにくっつきあうのを防ぐことであった。焼いた握り飯の表面は、乾飯をそのまま食べた感じに似ているだけでなく、香ばしさも加わり、当時の人びとには抵抗なく受け入れられる食味であった。

第二の理由は、握り飯の表面を焼くことによって、今ふうにいうなら、生鮮食品である握り飯の賞味可能な時間を延長できることであった。ひとたび戦闘がはじまれば、食事のための休憩時間などあるわけもない。いつになったら握り飯を食べられるかはまったく予測がつかない。石鹸がなかった時代、せいぜい汲みおきの水で手を洗って握った握り飯の表面には手のひらからたくさんの微生物がついてきている。気温の低い冬場はまだよいとしても、気温の高い季節ともなれば、腰にぶらさげていた握り飯には体温も伝わって微生物が急速にふえ、腐敗してくる。このような条件の下で、あらかじめ握り飯の表面を焼いておくと、表面についた微生物が殺菌され、饐《す》えてくるのを遅らせ、賞味可能な時間は延長されるのである。

大名の弁当も握り飯

戦国時代を過ぎて平和が訪れた江戸時代、武士の間には握り飯を食べる習慣が定着し、握り飯は屯食と呼ばれていたころのように下賤視される食べ物ではなくなっていた。『三省録』（志賀理斎）の次の話にも見られるように、大名でさえも弁当として焼いた握り飯を食べるようになっていた。

徳川家光の時代の御伽衆《おとぎしゅう》に、毛利秀元、丹羽長重、蜂須賀蓬庵、林道春などがいたが、毎日それぞれの屋敷より弁当を持参して登城した。そして、萩の間で寄り合って食べたが、珍しいお菜があるとお互いに取りかわして食べたという。毛利侯の弁当に鮭があると、これは珍しいとみんなで賞味をしたという。阿部対州守（重次）は焼き握り飯を紙に包んで持参し、昼飯を終わるとその包み紙のしわをのばし、紙についた飯を拾って食べ、その後で鼻をかむのを見たものがあった。

ヨーロッパの弁当は保存食品で

旅に食べ物を持っていくというのは、日本人だけの特徴ではない。現代の旅には欠かすことのできない旅館や食堂などの施設が整ってきたのは、日本でもヨーロッパでもごく最近のことである。ひと昔前までさかのぼれば、地球上のどこに住んでいようと、長時間にわたる外出の際には食べ物を持参するのが常識であった。

ヨーロッパやアメリカを旅して、早朝レストランが開く前に出発しなければならないことが何度かあった。そんなときには、ホテルに頼んで朝食の弁当を作ってもらうこともある。紙袋に詰められた弁当の内容は、パン、チーズ、リンゴ、紙パックの飲み物といったところが相場であり、ときにはドライソーセージなどがつけ加えられることもある。ヨーロッパの人びとにとって数日間程度の旅の場合には、日本でのように握り飯を作る必要もなく、彼らが日ごろ食べている保存食品を弁当として持っていけば間に合うのである。

ヨーロッパではデンプン質の食べ物の中心は小麦であり、小麦をパンに加工して食べるのが普通である。ヨーロッパの農村地帯へ行けば、家庭でパンを焼く情景を目にすることができる。現在でも家庭でパンを焼くということは大仕事である。二、三時間も薪を燃やして熱くしたパン焼きの竈《かまど》のなかから残り火や灰をきれいに掻きだす。発酵させたパン生地を家族の一日分ずつの大きさに丸めて、その竈のなかに入れ、蓋をして約一時間でパンが焼き上がる。一回のパン焼きで一家の二週間分くらいの量のパンを焼く。

羽釜《はがま》に薪で米飯を炊くことに比べるとたいへんな作業であり、毎日パンを焼くわけにはいかない。日保ちする期間は長くはないが、米飯に比べたらパンは保存食品の一種である。現在の日本の食卓をみても、毎日毎日その日に食べるパンを買っている家庭はきわめて少ない。買ってきた一斤のパンを二、三日かけて食べているケースが多い。保存という面ではパンと米飯には決定的な差がある。こんなわけで、外出に際して持参する弁当も、日本とヨーロッパではその性格が異なってくる。

長期の携行食ビスケット

聖地エルサレムの奪回を目指して遠征する十字軍、コロンブスやマゼランの艦隊のように長期間の旅の携行食となると、あまり日保ちのしないパンを持っていくわけにはいかない。そこで、パンを薄く切ってから乾燥させて携行食としていた。一三世紀ころになると薄く切ったパンをもう一度軽く焼いて水分を減らすことが考えだされ、軍隊や航海などで使われるようになった。この食べ物はイギリスではビスケット（biscuit）、ポルトガルではビスカウト（biscaut）、フランスではビスキュイ（biscuit）

と呼ばれた。これらはいずれも二度焼いたパンという意味のラテン語ビスコクトゥム・パネム（Biscoctum Panem）を語源としている。本来のビスケットは長期旅行用の食べ物であったのである。

やがて宮廷を中心にして、この二度焼いたパンの味やおいしさの改良が進められ、砂糖やバターなどを加えて作るようになり、今日のビスケットやクッキーへと変身してきたのである。ラスクや乾パンは初期のころのビスケットの形をそのまま引き継いだ名残りの姿といえよう。

(2) 弁当の普及と食習慣

竹の皮から木の弁当箱まで

弁当を入れる容器も次第に変わってきている。古い時代に乾飯を入れたのは、麻の布で作った袋であったり、ワラやイグサを袋状に編んだ苞《つと》であった。握り飯を包むのには竹の皮やカシワやホオなどの木の葉が使われた。竹の皮は、つい最近まで農村地帯では握り飯を包むのに使われ、また都会でもついこの間まで、食肉店では竹の皮に肉を包んで売っていた。

江戸時代の中ごろには、柳や竹で編んだ行李《こうり》が旅行用の弁当箱として使われるようになった。行李はもともと着物を入れる収納容器として、また旅人の振り分け荷物の一つとして使われていた。そこで小型の行李を作って、弁当箱として使うようになったのである。柳で作った行李の弁当箱は軽く、柔軟性に富んでいるので、少しくらい押されても潰れることもなく、中身の汁がもれないという優れた性質を備えている。ていねいに作られた行李の弁当箱は、お湯やお茶を注いでも水が漏らないという。

江戸時代、一般に使われていた弁当箱は木製のものが多かった。薄くけずった板で作った経木《きょうぎ》の箱、薄い板を曲げて作る曲物《まげもの》、轆轤《ろくろ》細工でつくる挽物《ひきもの》、板をさし合わせて組み立てた指物《さしもの》などが弁当箱として使われた。仕上げは木地のままであったり、うるし塗りのものもあった。曲物の弁当箱は、土地によってはワッパ、マゲワッパなどとも呼ばれている。このほかにも、陶器製の弁当箱があったが、重くて割れやすいという欠点があってあまり普及はしなかった。

竹の皮をはじめとして、いろいろな材質の容器が弁当の入れ物として使われてきたが、弁当の味の点からいえば、木で作った弁当箱がすぐれている。炊きたての熱い米飯をすぐに詰めても、まわりの木が余分な水分を吸い取るので、食べるときに米飯がさらりとしており、口あたりがよいのである。電気炊飯器が家庭に入ってくる以前、羽釜で炊いた米飯を木で作った飯櫃《めしびつ》に移しかえて、米飯を保温するとともに余分な水気を木に吸わせ、ご飯をおいしく保っていたのと同じ理屈である。

江戸庶民の弁当

弁当が、江戸庶民の日常生活にまで広く普及していた様子が『浮世風呂《うきよぶろ》』（式亭三馬）に描かれている。江戸は下町の銭湯で、入浴中の母親を迎えにやってきた女の子との会話である。

「おとつさんがネ。あのウ、けふは御褒美《ごほうび》に、お弁当《べんとう》にしてお遣《や》りと」

（中略）

「チヨツ、やかましい。そんならお弁当にしてやるから、お菜好《かずこのみ》はならないよ」

（中略）

「ハイサ、もううるさくてなりません。いかなことでも、お弁当が遅いと宿まで取りに参りますはな。さうして、えつさらおつさらお師匠さまへ持行《もつてつ》て食べます」


『浮世風呂』が刊行された一九世紀はじめのころの庶民生活の一場面である。どこの家の子供もわざわざ家に弁当を取りに帰り、また師匠のところへ持ち戻って食べるというのだから、母親たちにとっては面倒なことであったにちがいない。当時の下町の子供たちにとってさえも、弁当はそのくらい身近なものになっていたのである。

弁当が庶民の昼食として普及していく一方で、庶民のあいだから豪華な弁当も生まれてきた。江戸時代、庶民の大きな楽しみの一つは祭りであり、もう一つは「花見」「川開き」「涼み舟」「月見」「紅葉狩り」「雪見」などの行楽であった。行楽のおりには、家でご馳走を作って持って出かけるのが普通であった。弁当にもさまざまな工夫がこらされるようになって、行楽に持ってゆく弁当はおおいに発達した。花見や紅葉狩りなどの行楽の際には、ご馳走を重箱に入れて持ち運んでいたが、時代とともに屋外での行楽のおりには、さらに手のこんだ提重箱《さげじゆうばこ》を使うような豪華な弁当へと変わっていった。提重箱とは手提げ用の箱のなかに、重箱・酒筒・盆・銘々皿など一式が組み込まれたものである。

弁当持参者の増加と弁当の普及

明治時代になって、産業が発達してくると通勤をする人たちがふえ、教育制度が整うのにともなって学校へ通う者も多くなった。これらのサラリーマンや学生は、当然のことながら勤め先や学校で昼食を食べなければならないので、弁当を持って通うようになった。当時の弁当の多くは梅干し入りの握り飯とたくあんといった内容が普通であり、たまに塩鮭や煮豆などのおかずが加えられる程度であった。

明治三〇年（一八九七）ころには、それまでは輸入品であったアルミニウム製の弁当箱が国内でも生産されるようになった。明治三十六年（一九〇三）五月十七日付の東京朝日新聞には「アルミニウム製文庫型辨當《べんとう》箱」の広告が掲載されている。文庫型とは、深くて大きいいわゆる「ドカ弁」とは異なり、スリムな弁当箱を意味している。アルミニウム製の弁当箱には軽くて丈夫という長所はあるものの、梅干しなどの酸に弱いという欠点もあった。

昭和四年（一九二九）理科学研究所で、アルミニウムの表面に分厚い酸化被膜を作り、アルミニウムの弱点を解消し、耐腐食性や耐摩耗性を備えるアルマイトが開発された。これ以降、昭和四十年代までアルマイト製は弁当箱の主流となり、労働者や学生の間に広く普及していった。こうしたアルマイト製の弁当箱の普及とともに、弁当箱という呼び名も一般化していったといわれている。プラスチック製の弁当箱や、密封度が高くて保温性に優れた弁当箱などが登場するようになり、アルマイト製の弁当箱は次第に姿を消していった。

『朝日新聞』に連載された夏目漱石の『三四郎』のなかに、「高等学校の生徒が三人ゐる。近頃学校の先生が午《ひる》の弁当に蕎麦《そば》を食ふものが多くなつたと話してゐる」という一節がある。『三四郎』が連載された明治四一年ころには、小説のなかで「午の弁当」と書いているように、弁当という言葉は「外出先でとる食事」の代名詞として使われるようになっており、弁当が広く普及してきた様子をうかがわせる。

明治も終わるころには、社会に完全に定着した弁当であるが、はじめのうちは昼どきの空腹を満たせばよい、つまりは梅干し入りの握り飯にたくあんといった粗末な弁当であった。時代を経るにつれて、おかずに対する主婦の「みえ」も手伝って、次第に弁当の内容も変わっていった。そうはいっても、毎日の弁当のおかずを考えるのは、昔も今も主婦にとっては頭痛のたねである。明治三八年の『家庭雑誌』では、費用二〇銭、費用一〇銭、費用六銭と三段階に分けて、それぞれ一週間ずつの弁当のおかずを掲載している。また、同じ年に『九州日日新聞』も「弁当の研究」というテーマで数か月にわたって料理記事をのせている。こうして大正も後半になると、弁当は空腹を満たすという機能だけでなく、おかずの内容が多彩になって、食べる人の嗜好をも満たすものへと進化していったのである。

弁当が食習慣を変える

明治から昭和の前半にかけてが弁当の最盛期であり、弁当は日本人の食事習慣に大きな影響を与えてきた。会社へ出勤する夫、学校へ通う子供たち、それぞれが家を出る時間にあわせて、一家の主婦は炊飯をして朝食と弁当を用意しなければならなかった。そのために、主婦は家族よりは少なくとも一時間は早く起き出して、朝食と弁当の準備をしていた。これはついこの間まで日本の多くの家庭で見られた風景である。なかでも、朝の弁当づくりは主婦にとっては新しくふえた手間暇のかかる仕事であった。

大阪は船場《せんば》の大きな商店などでは、かつては炊飯をするのは昼であり、開店の準備に忙しい朝は、前日の残り飯を使ってのおかゆや茶漬ですませるのが普通であった。学校へ通う子供たちのために弁当を作るようになると、毎朝炊飯をしなければならなくなった。また、朝がゆの習慣のある地域では、朝がゆをやめるか、朝がゆとは別に弁当用の飯も炊かなければならなくなった。一日のうちで朝昼晩のいつ炊飯するのかは、かつては職業や地方によってそれぞれであった。ところが、会社や役所や学校などへ通うのに弁当が必要なため、日本全国どこでも朝の炊飯と弁当づくりが日常化したのである。

日本食の特性と弁当の衰退

昭和三〇年代ころまでは、外出の時間が食事時間と重なるときは、弁当を持って出かけるのが普通であった。ところが、給食も含めたいわゆる外食の発達とともに、次第に弁当を持って出かける習慣はうすれていった。小学校での給食がはじまると、まず子供の弁当が姿を消した。会社や役所では構内に社員食堂や職員食堂を設けて、昼食を提供するようになった。社員食堂などでは食事の味のよしあしは別にして、一般的には給食費用の補助があるので、市価よりは安い金額で昼食を食べることができる。ビジネス街には、サラリーマンを対象にした食べ物屋が軒をつらねており、好みの昼食を選ぶことができる。弁当を持たずに勤めへ出ても、昼食に不自由することはない。そんなわけで、現在では弁当を持参して出かける人は圧倒的に少数派になってしまっている。

弁当が給食や外食にとって代わられ、衰退してきたことについては、日本の食事そのものの特性がからんでいる。日本の食事は基本的に温かいことがご馳走なのである。日本では漬物を除いては、ヨーロッパのハム、チーズ、ソーセージなどのように、そのままで食べられる保存食品が発達しなかった。パンもまた、日数の長い短いはあっても、保存食品の一つである。日本の保存食品として魚の干物や塩蔵品もあげられるが、これらは焼いたり煮たりして食べるのが原則で、ヨーロッパの保存食品のようにそのまま食べられるものは少ない。

日本の食事は、いつでもその場で料理して、温かいうちに食べることを理想とする食事の体系になっている。温かくないほうがよいのは、握りずしともりそばくらいである。しかし、そのすしにしてもそばにしても、握りたて、ゆでたてが好まれ、時間のたったものは敬遠される。ご飯もみそ汁もできたてのアツアツが最高のご馳走なのである。経済的にゆとりができ、給食でも外食でも、ポケットマネーで温かい昼食を食べられるようになれば、冷たい弁当が敬遠されて衰退していくのは当然の結果である。

弁当と同じ釜の飯

家庭で作っていた弁当が衰退して、給食も含めたいわゆる外食にとって代わられたということは、食の文化という視点からは大きな出来事である。「同じ釜の飯を食う」という言葉で表わされるように、人間の集団は食事を一緒にすること、つまり共食によって仲間のつながりが深まり、集団のきずなも強くなる。食事を一緒にするということは、心を通わせあうことでもある。私たちがよく口にする「近いうちに、一緒に飯でも食わないか」という言葉は、おなかがすいたから飯を食べようという意味ではない。一緒に食事をすることによって「君との結びつきをより強くしたい」、あるいは「君との旧交をあらためて確認したい」という意思を示すことである。

共食をする集団の原点は家族である。家の竈で炊いた「同じ釜の飯」を、昔であれば握り飯にしたり、最近ではプラスチック製の弁当箱に詰めることによって、夫婦・親子がそれぞれ別々に食事をしても、「同じ釜の飯を食べる」精神は健在であった。家族そろっての共食が心のつながりを深めるのはもちろんであるが、弁当を作ることによって、また出先で弁当を食べることによって、家族のきずなを確認しあっていたのである。

子供たちは学校給食を食べ、仕事をもつ人たちは職場の給食を食べ、あるいは外食をするようになった。昼食どきには「一家の同じ釜の飯」を食べるのではなく、まったく別の釜の飯を、それぞれが別の場所で食べるようになった。平日の昼食の場には家族のつながりはまったく見られなくなってしまった。

子供たちにとっては、学校給食を食べることによって、学校という集団のなかで「同じ釜の飯」を食う仲間が生まれてくる。勤める者にとっては、仲間との共食によって職場の仲間とのつながりが強くなる。しかしながら、共食をする集団の基本である家庭では、弁当が衰退したことによって、「同じ釜の飯を食べる」ことがあきらかに減ってしまったのである。

(3) 変化する弁当

給食になった仕出し弁当

遠い田畑へ働きに行くとき、海へ出て漁をするときなどには、家まで帰ってきて食事をするのは時間のむだであるから、昔から弁当を持ってゆくのは当たり前のことであった。明治に入って、都会で生活をする人がふえるにしたがって、昼食を家の外で食べる機会が急速にふえてきた。

サラリーマンや学生の間に弁当が定着してくると、大衆相手の仕出し弁当屋が誕生し、弁当を注文して取り寄せることができるようになった。この仕出し弁当屋はサラリーマンに昼食を提供することによって繁盛し、やがて仕出し弁当は給食として支給されるようにもなるのである。早くも、明治三〇年代には、仕出し弁当スタイルの給食が沖仲仕《おきなかし》に支給されており、また同じころに、紡績工場の女工の昼食として弁当スタイルの給食が採用されていた。今日でもなお、人数の多くない職場における給食では、この仕出し弁当方式で対応しているところが少なくない。

家で作る弁当と外で買う弁当

弁当は給食へと発展しただけではなく、弁当自身の性格を変えるほどの大きな変貌をとげるのである。昭和四九年（一九七四）には最初のコンビニエンス・ストアとしてセブン‐イレブンの第一号店が東京都江東区豊洲に開店し、同五一年には店頭でできたての弁当を販売するほっかほっか亭が埼玉県草加市に最初の出店をした。昭和六〇年前後になると、これらの店で売っている弁当、つまり「外で買って、持ち帰って家で食べる」弁当の便利さが認められて広く利用されるようになってきた。この段階になってくると、弁当という言葉の意味も、弁当の性格も変わらざるをえなかった。

コンビニ弁当やほかほか弁当では、「外出先で食事をするために持ち歩く食べ物」という弁当本来の性格から、「外で買って持ち帰って食べる物」へと性格が変化してしまったのである。弁当を作るところが家庭の内から家庭の外へと移り、逆に弁当を食べる場所は家庭の外であったのに家庭の内へと入り込んできたのである。そうなると、外で買う弁当からは、弁当が本来備えていた「同じ釜の飯」という特性がすっかり消えてしまい、これらの弁当はただの商品あるいは加工食品でしかなくなってしまった。

それが夫の弁当であっても子供のであっても、その弁当を食べる人の好みや健康状態などを考えて、一家の主婦は弁当を作っていたはずである。弁当は家庭の食事の一環として作られていたはずである。しかし、弁当を作るところが家庭の外へ移ると、弁当はなるべく多くの不特定の人びとの口にあうように、いいかえれば一個でも売上げがふえるように、ただその一点をねらって作られるようになった。外で買う弁当では、当然のことながら食べる人一人一人への配慮はまったくなされなくなった。

同じように家庭の外で作られている弁当でも、工場で生産されて店頭へ配送されるコンビニエンス・ストアの弁当と、店頭で詰められるほかほか弁当とは、食べる側からすれば冷めているか温かいかの違いのほかには、外観や中身にはそれほど違いはない。しかも、最近のコンビニエンス・ストアでは店頭に電子レンジを置いて、買った弁当を温めてくれる。どちらでもアツアツの弁当が食べられるようになり、食べるという面だけで見れば、両者の間の差はさらに縮まっている。しかし、店頭で売る商品としての性格はまったく異なっている。工場で生産されるコンビニ弁当は、鮮度管理がきわめてたいへんな加工食品である。一方、注文を受けてからお客の目の前で詰めるほかほか弁当は、できたての温かさが大切であり、「客の目の前でできたてを詰める」ところが最大のセールスポイントになっている。コンビニエンス・ストアの弁当が加工食品であるのに対して、ほかほか弁当は「お持ち帰り専用の外食」という、新しい外食の形なのである。

買う弁当のはじまりは幕の内弁当

弁当の性格の変化を変えるとき、芝居見物のおりに食べたことからはじまった弁当、幕の内弁当の誕生を忘れてはならない。弁当の歴史のなかで、商品としてはじめて営利を目的にして作られるようになった弁当が芝居弁当であり、そのなかで現在に伝わっているのが幕の内弁当であるからだ。

一八世紀の後半に入って江戸の庶民の生活が向上してくると、物見遊山につづいて芝居見物を楽しむ風潮が一般化してきた。この時期は、江戸では元禄期（一六八八～一七〇四）の着倒れに対して、安永・天明期（一七七二～八九）の食い倒れといわれる時期であって、行楽用の花見弁当などがもてはやされるようになっていた。豊かな町人たちのあいだでは行楽に際してはぜいたくな弁当を作って持参することが流行になり、提重箱のような豪華な弁当も現れてきた。

芝居見物が盛んになるにつれて、芝居弁当も豪華なものになってきた。芝居見物では、芝居を観る楽しみと同時に、芝居小屋で弁当を食べる楽しみもあった。やがて、見物席の枡《ます》越しに隣の客と料理を分けあうなどの新しい風習も生まれてきた。こうして、芝居見物の際の弁当は次第に豪華なものになっていった。そうなってくると、家で芝居弁当を作るのにはたいへんな手間を要することになり、そこに目をつけて芝居見物の弁当を専門に作る仕出し屋が現れるのも自然のなりゆきである。

芝居では幕がおりている間、つまり幕間《まくあい》のことを幕の内ともいう。幕の内弁当というのは、仕出し屋が作っていた芝居弁当を簡素にしたもので、芝居の幕間つまり幕の内に食べることから「幕の内弁当」と呼ばれるようになったという。『守貞漫稿』は芝居茶屋の項で次のように説明している。

昼食。江戸では幕の内と名づけ、丸く偏平な握り飯を若干焼く。これに卵焼き、蒲鉾、こんにゃく、焼豆腐、干瓢《かんぴょう》を添える。これを六寸重箱に入れ、人数に応じて観客席へ運ぶ云々。

江戸時代の終わりのころには、江戸日本橋の芳町《よしちょう》にあった万久が幕の内弁当を作りはじめ、芝居小屋では万久から幕の内弁当を取り寄せて、見物客に売るようになった。幕の内弁当は外で買って食べる弁当の元祖であったのである。

昭和生まれの松花堂《しょうかどう》弁当

数多くある弁当の中でも、豪華でご馳走感のある松花堂弁当の歴史は浅い。縁《ふち》の高い四角な箱型の容器の中に十字の仕切りが備わっており、箱にはかぶせ蓋が付いているのが松花堂弁当である。松花堂弁当の原型は十文字の仕切りで容器の中を四区分するが、現在では六区分、八区分などのものも見られる。「正花堂」の呼び名は、江戸時代初期の石清水《いわしみず》八幡宮の社僧であった松花堂昭乗《しょうじょう》の名に因んでいる。昭乗は、農家が種入れとして使っていた仕切りのある箱を参考にして、自家用の箱を作り絵具箱や薬箱、煙草盆などとして愛用していた。

この箱が松花堂弁当へと発展するのは、それから三〇〇年以上経った昭和八年（一九三三）頃のこととされている。大阪の素封家で茶人でもあった貴志彌右衛門が主催した茶事のおり、吉兆《きっちょう》の創始者となる湯木貞一に、正花堂昭乗が愛用していた器を使って茶懐石の弁当を考案するように命じたのが、松花堂弁当のはじまりとされている。

松花堂弁当の元祖、吉兆での盛り付けは右奥に向付（刺身やなますなど）、左奥が御菜（焼き物）、左手前に煮物、右手前に飯となっており、懐石料理の決まり通りの配置になっている。

一見、似た物同士とみなされがちな、松花堂弁当と幕の内弁当との違いはどこにあるのだろうか。幕の内弁当の基本形は俵型のおにぎりとおかずからなり、おかずは、汁けのない揚げ物、煮物、焼き魚、卵焼き、練り物に漬物が定番になっている。つまり、いわゆるお弁当といった感じで、コンビニ弁当も含め、現在市販される弁当の原型になっている。一方、松花堂弁当はといえば、吸い物を添えればりっぱな仕出し料理であり、吉兆の松花堂弁当ならば正式な懐石料理として十分に通用するであろう。

(4)　駅弁の歴史

汽車の旅には駅弁が必要

家庭の内で作られていた弁当は、時とともに家庭の外でも作られるようになった。江戸時代の代表的な例が幕の内弁当であり、近代化していく日本を代表する例が駅弁であった。歩いて旅行をしていた時代は、腹が減ったら街道筋の茶店でひと休みして昼食を、というように自由に食事をとることができた。列車はいったん乗ってしまうと、そのなかでは自由が極端に制限される。食堂車はもとより車内販売などもない時代のこと、弁当を持参しないかぎり、列車に乗ったら目的地につくまでは食事をとることはできない。列車が長距離を走るようになり、列車のなかでの食事の不自由さを多くの乗客が感じるようになると、それを解消するために、駅弁が生まれてきたのである。

握り飯だった初期の駅弁

日本に鉄道が開通したのは、明治五年（一八七二）の新橋—横浜間が最初であった。所要時間は一時間弱であったから、この段階では乗っている時間も短く、駅弁の必要はなかった。

明治一八年七月一六日、日本鉄道が上野—宇都宮間に新線（現在の東北本線の一部）を開通した。このとき、宇都宮で旅館白木屋を経営していた斎藤嘉平が、鉄道会社の強い要請を受けて売り出したのが駅弁の第一号である。梅干し入りの握り飯にゴマをふったものを二個、それにたくあんを添えて五銭で売ったと伝えられる。当時の宇都宮駅は原っぱのなかにあり、町との間にはたいした道路もなく、列車の運行本数も一日に二両連結の列車が四往復、弁当もそう売れる状況ではなかった。採算を無視してはじめた駅弁事業ではあったが、明治二三年に東北本線が盛岡まで、翌二四年には青森まで開通し、運行本数がふえ、運行距離が延びるのに比例して事業は成長し、採算がとれるようになっていった。

駅弁発売の第二号は、同じ明治一八年一〇月の信越本線の横川駅である。平成九年一〇月に長野新幹線が開通したのにともない、信越本線の列車が横川止まりになり、横川—軽井沢間がバスで結ばれるようになるまで、横川駅の駅弁といえば「峠の釜飯」が有名であった。後にもふれるように「峠の釜飯」が発売されたのは、ずっと遅れて昭和三三年（一九五八）のことである。横川駅の駅弁第二号も、宇都宮駅と同じように、竹の皮に包んだ握り飯であり、当時としてはごく普通の駅弁であった。

そのころ、信越本線は横川—軽井沢間の勾配が急なために列車を運行することができず、鉄道馬車によって連絡をしていた。これは明治二六年に碓氷《うすい》峠にアプト式の鉄道が採用されるまでつづいていた。そのようなわけで、当時の横川駅は単なる停車駅ではなく、重要な中継駅であったのである。

明治一九年には高崎駅で三番目の駅弁が売り出された。東海道本線で最初の駅弁は明治二一年に国府津《こうづ》駅で売り出されたものである。このころまでの駅弁の内容はどれをとっても粗末であり、握り飯にたくあんを添えて竹の皮で包むという範囲を出なかった。

駅弁にも幕の内が

初期の駅弁はいずれも、宇都宮駅の白木屋のように旅館業者によって売り出されていたが、明治二一年（一八八八）ころからは、飲食業を営む者も駅弁に進出しはじめた。幕の内弁当がはじめて売り出されたのは、山陽鉄道が神戸から姫路まで延びた明治二一年の暮、姫路駅においてであった。姫路駅で名乗りをあげた飲食業者「まねき食品」が、鯛、鶏肉、かまぼこ、だてまき、きんとん、うど、百合根、奈良漬などのおかずと、小さな俵形《たわらがた》の米飯とを別々の経木《きようぎ》の折り箱に詰めて、二段重ねにして売り出したもので、たいへんに評判がよかった。明治二三年には、関西鉄道の亀山駅の伊藤弁当店で、一つの折り箱を仕切って、ご飯とおかずを詰めた弁当を発売したところ、列車のなかでは二段重ねの弁当よりずっと食べやすいと好評であった。こうして、駅弁の幕の内弁当の形ができあがったのである。

元薩摩藩主であった島津家の五人の男子の教育係として来日したイギリス人女性エセル・ハワードは、その著書『明治日本見聞録』(島津久大訳、講談社学術文庫)のなかで、明治三四年に東京から関西方面へ一〇日間の旅をしたおりの印象のひとつとして、駅弁について次のように述べている。

日本人は汽車で旅行をするとき、主に食べることに時間を費やすのである。お弁当はいつでも容易に買えるし、コップつきのお茶も同様である。弁当箱はなかなか巧妙に作られてあって、三つに仕切られていた。一つは御飯を入れる場所で、他の二つはそれぞれ漬物と魚を入れる場所だった。それには新しい木の箸がついていた。

明治二三年に亀山駅ではじめて発売された幕の内風の駅弁が、わずか一〇年のうちに広く主要駅に普及していたことがわかる。

長い間、幕の内弁当が駅弁の基本であり、業界では幕の内弁当のことを「普通弁当」と呼んでいる。昭和三〇年代に入ると、ビジネス旅客の往来や観光旅行が次第に盛んになり、駅弁業者もおいしい弁当づくりに力を入れるようになった。「峠の釜飯」をはじめとして、富山駅の「ますのすし」、函館本線森駅の「いかめし」など、各地に名物弁当が生まれた。名物弁当の多くは「すし類」と鳥めし、鯛めしなどのいわゆる「めし類」に分類される弁当で、業界でいうところの「特殊弁当」に属するものである。

駅弁大会と峠の釜飯

昭和三三年（一九五八）二月大阪市の高島屋で「全国駅弁大会」が開かれて好評を博し、それ以降、駅弁大会は全国の主要都市で開かれるような人気イベントになった。

駅弁の即売大会で人気が高く、最初に売り切れてしまう弁当の一つが信越本線の横川駅の「峠の釜飯」である。駅弁の代表とも見られる「峠の釜飯」の歴史はそんなに古いものではなく、売り出されたのは昭和三三年のことである。その間の事情を『食べものと日本文化』（小柳輝一、評言社、一九七二）は次のように述べている。

「峠の釜飯」は、駅弁としての発想時点で窯元との合作ともいえる。丁度、このころ、東京では釜飯が流行していた。焼き物の町、栃木県益子の窯元塚本製陶所の主婦塚本シゲさんはある日ふと「釜めしの釜をつくって、駅弁屋さんに釜めしを売ることをすすめたら、釜は大量に売れるだろう」と思いつき、早速に試作品をつくって取引先のある軽井沢に向かったが、用事があって二つ手前の横川に下車したという。

そこで偶然に試作品を見せたところ、たちまちに商談が成立、近くの軽井沢には売らない契約で横川に一手に納入されるようになった。後は駅弁業者のきめの細かいサービスであった。峠の釜飯はたちまちにして駅弁の横綱格になってしまった。

第三章　給食と食生活への影響

⑴　集団給食の移り変わり

給食という言葉のはじまり

戦後盛んになった学校給食や職場での給食が、昼食全体のなかに占めるウェイトは高く、現在では給食を抜きにして昼食を論ずることは考えられない。なかでも学校給食の場合、育ち盛りに給食を食べて育った人たちは、その後の個人個人の食生活のうえに大きな影響を受けているにちがいない。戦後五〇年間学校給食を継続してきた結果として、日本の食事文化のうえにはどのような影響が残っているのであろうか。

『大言海』などの古くからの辞書には「給食」という熟語はのっていないが、新しく編纂された辞書には「給食」という言葉がでている。食事を支給するという行為が古くからあったことは確かであるが、給食という言葉は比較的新しい言葉であることに間違いはない。明治時代には「集団給食」のことを「給養」と呼んでおり、大正時代に入ってからも『明治三十七、三十八年戦役給養史』（明治三

十七、八年戦役とは日露戦争のこと）が編纂されるなど、この時代には「給養」という言葉が使われていた。また、昭和三年（一九二八）に開催された、第二回軍隊調理講習の講義録にも「（兵隊の）給養八国民中等位（の水準）デナケレバ」の記述が見られるなど、給養という言葉が長いあいだ使われてきた。大正八年（一九一九）、フランスのパリで連合国衛生委員会が開催され、軍隊などの集団給食での衛生や栄養の問題が討議された。この時から「団体炊事」という言葉も使われるようになった。

文部省は昭和七年に「学校給食臨時施設方法」を公布しており、このころから一部で給食という言葉が使われはじめたと考えられる。昭和二七年に制定された栄養改善法のなかで、「集団給食」という言葉がはじめて使われ、現在までその呼びかたが続いている。「給食」という言葉は、どうも昭和に入ってから定着した新しい言葉のようである。

栄養改善法や栄養士法によれば、給食とは「学校、病院、事務所、福祉施設、その他特定多人数の組織集団に継続的に食事を供給すること」である。食事本来の目的は生命を維持することと健康を増進することであるが、給食の場合にはそのうえに、医療、福利厚生、福祉、食べ物に対する教育などの目的が加わることがある。さらに、軍隊では健康で体力の優れた兵士を養成することが目的に加わり、スポーツ集団では記録の向上などの具体的な目的が上乗せされる。

給食のはじまりは兵士食

日本における給食のはじまりは兵士に対する給食である。四、五世紀までには東北地方を除く本土の大半を大和朝廷が統一し、日本ではじめての統一政権が誕生した。『日本書紀』の崇神《すじん》天皇一〇年九月の条には、北陸、東海、西道、丹波に四人の将軍を派遣して、各地の敵を平らげさせたという記述がある。統一政権が誕生するまでの間、大和朝廷は各地に軍団を派遣して、それぞれの土地の豪族を従えてきた。また、統一政権誕生後も各地で起こる反乱にも軍を送って平定しなければならなかった。当然のことながら、派遣される軍団は食料を持参し、兵士に食事を支給しなければならなかった。持参する食料は乾飯《ほしいい》や焼き米であった。モミのまま炒ってから、搗《つ》いてモミガラを取り除いたものが焼き米で、そのままで食べるものである。乾飯はもち米を蒸してから天日で乾燥したもので、湯や水に入れて軟らかくしてから食べるのが普通である。

天平宝字元年（七五七）に施行された養老律令の「令」の一つである「軍防令《ぐんぼうりょう》」のなかの兵士備糒条に、当時の兵士食としては「およそ兵士は一人当たり糒《ほしい》六斗、塩二升を備えよ」という意味の記述がある。ここにいう糒六斗と塩二升は三〇日分の食料であったという。当時の一升は現在の約四合にあたるので、糒六斗は現在の二斗四升に相当し、一日に換算すると八合の糒を食べる計算になる。現代の感覚では一日八合の米食は多すぎると思われるが、当時にあってはごく常識的な量であった。

平城京が開かれてすぐ、左大臣の位について閣僚の筆頭として政治をつかさどったのは、天武《てんむ》天皇の孫にあたる長屋王《ながやおう》であった。その邸宅跡からは『長屋王家木簡』と呼ばれる三万数千点にのぼる木簡が発見され、古い時代のことを調べるのに役立っている。この『長屋王家木簡』によっても、当時の米飯は一日に玄米で二升（現在の八合）が基準であったことがわかっており、「軍防令」の糒はごく平均的な量であると考えられる。

乾飯や焼き米などの食事は政権の側から支給されるものであり、当時の兵士食が日本における最初の給食であったといえよう。軍隊が誕生したときから、軍隊と給食は切り離すことができない関係にあったのである。

平城・平安京の役人の給食

給食は古くから軍隊だけでなく、大規模工事などの際にも必要であった。前にも引用したが、『正倉院文書』には、奈良時代の東大寺で青銅の鏡の鋳造に携わっていた雑工や雑役夫に給食をした記録が残っている。また、八世紀のはじめ、平城宮の造営に携わった人夫に対して給食が行なわれていたという。平城宮では役人にも給食が出されており、給食に使われた土師器《はじき》や須恵器《すえき》の碗などの土器が平城宮跡から数多く出土している。平城京に引き続いて、平安京でも役人に対する給食が行なわれていた。『和風たべかた事典』（小野重和、農文協、一九九七）は平安京での給食について次のように書いている。

平安京には厨町という名の町が数多くあった。当時の中央政府は太政官《だいじょうかん》の下に八省、各省にはいろいろな職、寮、司があった。これらの役所には、役人たちに食事を提供するための台所があり、これが厨町なのである。

当時の食事は一日朝夕二食で、朝食は午前十時ころ、夕食は午後四時ころであった。役人たちは出勤日の朝夕二食とも役所から食事を提供されたようだ。今の事業所給食のはしりである。この事業所給食は武家政権には受け継がれなかった。江戸城に登城する大名、旗本、御家人は弁当持参であった。

『職工事情』に見る給食の内容

江戸時代に発達した花見弁当や芝居弁当は、本来は自宅で作って持っていくものであったが、やがては外出先で仕出し屋からこれらの弁当を取り寄せるようになり、いわゆる仕出し弁当が生まれてくる。明治に入ってからは、仕出し弁当は給食の場にもとりいれられるようになった。

沖仲仕には無宿にちかい者が多く、その日稼いだ金はその日のうちに使ってしまう傾向が強かった。したがって、日雇いで雇った彼らに昼食を支給することは、会社にとっては欠かすことのできない重要な仕事であった。明治三五年（一九〇二）ころを調査の対象とした『職工事情』（農商務省編）によると、「職業沖仲仕一日儲三〜四拾銭、仕事ニヨリ六拾銭ニモナル、昼食弁当ヲ貰フ」とあり、明治三〇年代の大阪・神戸の沖仲仕は、昼食に仕出し弁当の支給を受けていたことがわかる。

『職工事情』から中小の工場の給食の内容を拾ってみると、南京米《ナンキンまい》と呼ばれる安い外米に麦を入れた飯を主食にしている給食が目をひく。南京米とは広く東南アジア一帯で生産される細長く、炊き上げたときに粘りけがなくてパラパラしている、いわゆるインディカ種の米である。一九九三年の米不足で米屋の倉庫やスーパーマーケットの棚から国産の米が姿を消したときに緊急輸入されて、炊飯方法や食味のことでいろいろと話題をまいたあの外米のことである。給食の米飯として、内地米に比べて安い南京米を使い、さらにその南京米を節約するために麦を加えているのである。具体的には次のような昼食用の米飯についての記述が目につく。

「挽割（麦）一升ノ中ニ米二合位」

「南京米ト挽麦ト半分交ゼタルモノ」

「南京米五升ニ挽割（麦）三升ノ割合」

「南京米二升五合日本米二升五合割麦五升ノ割合」

南京米で炊いた米飯の食味がどのようなものであるのか、夏目漱石の小説『坑夫』のなかに、東京から都落ちして鉱山にたどりついた一九歳の青年が、はじめて南京米の飯を口にする場面が書かれている。

（略）剝箸《はげばし》を取り上げて、茶碗から飯をすくひ出さうとする段になつて——おやと驚いた。些《ちつ》ともすくへない。指の股に力を入れて箸をうんと底迄突つ込んで、今度こそはと、持ち上げて見たが、矢張《やつぱ》り駄目だ。飯はつる〳〵と箸の先から落ちて、決して茶碗の縁《ふち》を離れ様としない。（略）いきなり茶碗を口へ附けた。さうして光沢《つや》のない飯を一口搔き込んだ。すると笑ひ声よりも、坑夫よりも、空腹よりも、舌三寸の上丈《だけ》へ魂が宿つたと思ふ位に変な味がした。飯とは無論受取れない。全く壁土である。此の壁土が唾液《つばき》に和《と》けて、口一杯に広がつた時の心持は云ふに云はれなかつた。（略）其後《そのご》日に三度宛《ずつ》は、必ず此の南京米に対《むか》はなくつちやならない身分となつたんで、流石《さすが》の壁土も慣れるに連れて、所謂《いわゆる》銀米と同じく、人類の食ひ得べきもの、否食つて然るべき滋味と心得る様になつてからは、剝膳《はげぜん》に向つて逡巡《しりごみ》した当時が却《かえ》つて恥づかしい気持になつた。

壁土と表現され、舌三寸の上だけに魂が宿る味、読んだだけで食べる気が失せるような南京米の飯である。この南京米に同じ量の麦を混ぜて炊いたのが『職工事情』に紹介されている給食の米飯である。このこと一つをみても、当時の給食弁当の質を推しはかることができよう。さらに『職工事情』には、ちょうど二〇世紀を迎えたばかりの明治三四年、その当時の紡績工場の「工場寄宿舎献立表」が出ている。その献立表を見ると、朝食には漬物とみそ汁しかでてこない。また、昼の弁当のおかずはといえば、唐菜茎、干瓢《かんぴょう》、豌豆《えんどう》、黒豆、蒟蒻《こんにゃく》、目刺し、水菜茎、高野豆腐などのうちから、いずれか一品がつくだけであった。この献立表からも当時の給食の内容をうかがい知ることができる。

食品標準成分表を採用した陸軍

このように、大和朝廷の給食の例をはじめとして第二次世界大戦にいたるまで、いくつかの給食の例が歴史のなかに見える。しかし、明治に入ってからの軍隊での給食を除けば、集団給食が広く行なわれるようになったのは、第二次世界大戦後のこの五〇年間のことでしかない。本格的な集団給食の歴史はきわめて浅いのである。

明治以来、陸軍では森林太郎（森鷗外の本名）、海軍では高木兼寛《かねひろ》を中心とする人びとの努力により、軍の給食にはかなりはっきりとした方向づけができあがっていた。陸軍の医務局長に就任した森は、兵隊の食事を全国共通の条件で評価するため、明治四三年（一九一〇）には、「兵食養価算定用食品及嗜好品分析表」を作成し、この食品標準成分表を使って陸軍の食事の栄養価を計算するように定めた。これ以降、陸軍での栄養管理にはこの方法が使われてきたし、現在でも、ほとんどすべての集団給食で、食品標準成分表を使うこの方法によって栄養の管理をしているのが実態である。

軍における炊飯技術の進歩

また同時に、大量調理の科学的な研究が進められた。日本では炊飯は小人数の家庭単位で行なうのが常であったので、竈《かまど》や羽釜などの炊事用具も小規模のものしかなかった。明治時代に入って、野戦の際に米飯を炊くために、一升（一・八リットル）から一斗五升（二七リットル）炊きの平鍋、いわゆる陣笠で炊飯をするようになった。しかし、釜も竈も小人数用のものを単純に大型にしたにすぎなかったため、火加減がむずかしく、こげ飯や炊き上がりにムラのある米飯しか炊けなかった。

竈で火を燃やすと、焚き口側よりも奥の煙突側に火の熱は余分にかかる。竈が大型になればなるほど、焚き口側と煙突側の火力の差は大きくなる。直火の竈に大鍋をかけて炊飯をする際には、このような加熱のかたよりを防ぐ工夫をしないと、焚き口側は生煮え、煙突側はこげ飯ということになりかねない。炊飯の途中で鍋を一八〇度回転させることによって火加減の均一化をはかるなど、うまい米飯を炊くためのさまざまな工夫が重ねられていたのである。

明治四二年（一九〇九）には、米飯を大量に炊くときの熱源として、蒸気を使用する方法が陸軍で考案された。蒸気炊きの二重釜が使われるようになり、従来の直火で炊く場合に比べて、米飯を大量に、しかもこげ飯を作ることもなく、均一に炊き上げることができるようになった。同時に、炊飯作業場も場所をとらなくなり、作業の合理化にもつながった。この蒸気炊飯法はその後の大量炊飯の基本になっている。しかし、蒸気による大量炊飯では、炊き上げる最後の段階で釜のなかを高温にすることがむずかしく、いいかえれば蒸気の温度ではおこげを作ることができないので、おいしいご飯を炊くという点では問題が残った。蒸気でおいしいご飯を炊くために、それぞれの施設でさまざまな工夫がなされて今日にいたっている。

整備される給食の環境

明治時代の紡績工場などでの、いわゆる前時代的な給食では、費用が他のすべての条件に優先していた。ところが、大正時代に入ると、軍隊における給食の成果などから、人の健康と栄養は切っても切れない関係にあることが広く理解されるようになった。その結果、給食は費用の枠も大切ではあるが、その前に栄養のことを考えなければならないという考え方が強くなり、集団給食は一つの転換期を迎えたのである。

給食の調理技術の進歩は、狭くて制約の多い海軍の軍艦内での調理技術の進歩に負うところが大きかった。その成果は紡績工場などの給食にもとりいれられた。紡績工場などでは、直営の給食施設の指導者に海軍の退役下士官を採用したという。この紡績工場の給食が基礎となって、やがて産業給食を大規模にてがける給食会社が現れてくる。

産業給食がはじめられたとき、給食の目的は、労働に見合った必要な栄養量を労働者にとらせることであった。第二次世界大戦中から、政府は業種によって格差をつけた業務加配米を支給するなどして、産業給食を奨励していた。特に生産現場では加配米本来の趣旨が給食に生かされ、戦争中には早くも他には見られないほどに給食が普及していた。

戦後は、食糧事情が悪くなったので、産業給食は一時下火になった。食糧事情が改善されるとともに、ほとんどの産業で規模の大小をとわず、また官公庁などでも給食の形はさまざまであるが、職場で給食が行なわれるようになった。職場での給食は福利厚生の一環として実施されたので、明治時代に見られたような、貧しい労働者を対象とした、品質のよくない給食は影をひそめていった。このようにして、給食を供給する側の環境は徐々にではあるが整備されてきており、戦後になって給食がいっせいに花開くための土壌が培われていたのである。

給食のメリット

日本中のほとんどの学校や役所、事業所などで、すっかり定着している給食のメリットは何であろうか。事業所内での給食では、多くの場合福利厚生の一環として実施されているので、利用者は「食材費用プラスアルファ」程度の費用を負担するだけであり、外食よりはるかに安い食費で食事ができることが第一のメリットであろう。これは国庫の補助を受けている学校給食の場合も同じである。しかも、栄養士によって栄養面での配慮がなされている点でも、外食にまさっている。反面、メニューを選択する幅が狭いという欠点は免れない。

第二のメリットは家庭内で弁当を用意するために使う時間を節約できる点である。年を追うごとに、便利な調理機器や加工食品などが台所に入ってきて、家庭内での省力化が進んできている。食品素材一つをとってみても、冷凍食品、レトルト食品、出来合いのお総菜、カット済みの野菜など、下ごしらえや調理の過程や社会の側へ依存する度合がふえており、食事の準備に使う時間や労力は少なくなってきている。特に共働き夫婦の場合には、その傾向がはっきりしており、時間を節約するためならお金を使うことを当たり前と考えるようになっている。当然のことながら、弁当づくりの手間をはぶくため、給食や外食を食べることのほうが合理的という考えが広まってくる。給食はこのようなメリットも備えており、現代の社会生活のなかでは給食は重要な地位を占めており、もはや欠かせない存在になっている。

(2)　学校給食の成り立ちと影響

世界最初の学童給食

ヨーロッパやアメリカで普通教育がはじまり、労働者の子供たちも学校に通うようになると、多くの子供たちの栄養状態が悪く、発育も十分でないことが目につくようになった。この子供たちにより豊かな食事を与えて発育状態を改善することを目的にして、学童を対象とした給食がはじまるのである。

一七九六年ドイツのミュンヘンでルンフォルド伯爵が、地域の簡易食堂を利用して、貧しい家庭の子供たちにスープを与えたのが、世界で最初の学童給食とされている。スープといっても、日本のレストランで出されるコンソメやポタージュといった、液体だけで腹もちのしないスープを想像したら大きな間違いである。もともと、ヨーロッパのスープは肉や野菜をごった煮にしたもので、具が多くて汁けが少ないものであった。つまり、ロシアのボルシチやフランスのポトフがスープの本来の姿である。日本の料理におきかえるならば豚汁やけんちん汁であろう。こんなわけで、話はすこしそれるが、ヨーロッパではスープは飲む（drink）ものではなく食べる（eat）ものなのである。

学童への給食がはじめられたころは、給食の目的は学童の「救済」であり、この時代にヨーロッパで実施されていた学童を対象とした給食は、すべて慈善団体が中心になって後援していたものであった。やがて、国家も「救済」を目的として、学童を対象にした給食を実施するようになった。貧しい家庭の子供たちを救済することを政策にかかげて、学校給食をはじめた最初の国はオランダで、一九〇〇年のことである。デンマーク、フィンランド、オーストリアなどがこれにつづいた。

学童救済から軍事要請へ

二〇世紀に入ると、学童を対象とした給食に軍事的な色彩が加わってくる。南アフリカにおけるボーア戦争（一八九九～一九〇二）のためにイギリス国内で徴兵した青年の体格が極度に悪く、徴兵の基準を下げたところ、武装するとまったく役にたたないことがわかった。その結果への反省から、イギリスでは学童の体位の向上を目的にして、一九〇六年には学校給食法が成立する運びとなった。これが世界における本格的な学校給食のさきがけとされている。アメリカの場合もイギリスと事情は同じであった。第一次世界大戦（一九一四～一八）のころ、徴兵検査で、栄養的に欠陥があると指摘された青年の数が実に四〇パーセントにものぼった。アメリカでもこの事実に対する反省から、学校給食が計画されたのである。

この二つの例は、発育のよい新兵の養成という必要に迫られ、あきらかに軍事的な要請によって計画された学校給食である。初期には、貧しい家庭の子供たちを救済するためにはじめられた給食であったが、次の段階では、子供たちの体位を向上させる、つまり健康で丈夫な新兵を確保するという軍事的な目的が加わってきたのである。

日本の学童給食のあゆみ

今日では学校給食は日本中で広く行なわれているが、第二次世界大戦以前には、ごく一部の学校でしか実施されていなかった。はじめて学校給食が実施されたのは、山形県鶴岡町（現鶴岡市）の私立忠愛小学校であり、明治二二年（一八八九）のことであった。この学校は、仏教の各宗派が共同で、貧しい家庭の児童を救済することを目的として設立されたものであった。私立学校ではあるが、授業料を徴収しないだけではなく、就学を奨励するために学用品はもとより、米飯におかずのついた弁当までが支給されたのである。このように民間の善意に頼る給食は、明治末までに全国で一〇か所ほどで実施されたにすぎなかったが、小規模な学校給食として、大正から昭和の前期まで細々と継承されてきた。

昭和四年（一九二九）に始まる世界恐慌のあおりを受けた不況の時代には、東北地方をはじめとする農山村の小学校では、欠食児童や健康状態のよくない児童の増加が目立つようになった。昭和七年、これらの児童を対象に、文部省は「学校給食臨時施設方法」を公布し、補助金を出して児童の栄養改善をはかった。これが国として実施した最初の学校給食であり、ヨーロッパの例と同じように学童の救済を目的とした給食であった。政府はこの学校給食の普及を積極的に奨励したので、昭和一四年には給食を実施している小学校は九四二六校に達したという。

昭和一五年になると、日本でも新兵の体位を向上させるという軍事的な目的が給食に求められるようになった。政府は「学校給食奨励規定」を制定して、給食の対象を従来の貧困家庭の児童から一般家庭の児童にまで広げ、より積極的に児童の体位向上をはかろうとした。しかし、第二次世界大戦が激しくなって社会が混乱するなかでは、児童全員を対象にしたこの給食は定着するまでにはいたらなかった。

苦しかった戦後の食糧事情

学校給食が広く行なわれるようになったのは、第二次世界大戦後の食糧難とアメリカの援助が大きな背景になっている。終戦の年、昭和二〇年（一九四五）の稲作は風水害の影響で大凶作になり、当初の収穫予定を二八パーセントも下回る結果となった。しかも、戦争中の強制的な供出に対する生産者側の反動もあって、農家の供出量は年末になっても計画の二三パーセントにしか達しなかった。昭和二〇年のあいだは、本土決戦用に蓄えられていた食糧で何とかやりくりができた。しかし、昭和二一年の春には、配給の遅れという形で、食糧不足が具体的な形になって現れてきた。

終戦直後の連合軍の対日政策は、わかりやすくいえば懲罰政策であった。したがって、日本が深刻な食糧不足にあえいでいても、無茶な戦争をやった報いであるとして、占領軍はこれを冷然と眺めているだけであった。しかし、間もなくアメリカとソ連をそれぞれの軸とする東西両陣営の対立の構造がはっきりとして、いわゆる東西の冷戦状態に入ると状況は一変した。アメリカは東側に対してアジアでの優位を確保するために、日本を西側陣営につなぎとめる政策に転換せざるをえなくなった。こうなると、アメリカとしてもそれまでの懲罰政策をいつまでも継続するわけにはいかなくなり、対日政策を宥和政策へと転換したのである。

アメリカにとっても一九四五年（昭和二〇年）は、小麦粉の在庫量が前の年に比べて半減しており、当年産の小麦についても豊作は見込めず、小麦の需給状況が非常に厳しい年であった。この年の五月にはドイツも降伏していた。当初ドイツの食糧はドイツ国内の生産でまかなえると見込んでいたが、それは大きな誤算であった。ドイツのなかでも穀倉地帯である東部を占領したソ連軍は、西側諸国（アメリカ、イギリス、フランス）の占領地区へのいっさいの食糧輸送を拒否した。西側の占領地域の食糧事情は悪くなるばかりであった。アメリカをはじめとする連合国側はドイツへの食糧援助もしなければならず、さらに厳しい小麦の需給状況になっていた。

このような状況のなかで、日本政府は三〇〇〇万トンの食糧の輸入を希望したが、アメリカ政府は六〇万トンの小麦の輸出しか認めなかった。関係省庁の実務者が知恵をしぼった末にでてきたのは、小麦にこだわらないで代用食を輸入する案であった。アメリカでは家畜の餌にしているトウモロコシ、コウリャン、大麦、大豆カス、脱脂粉乳などは、味の点ではともかくカロリー面では人間の食糧として十分に通用する。対日感情が必ずしもよくないアメリカ本国でも、小麦ならともかく、代用食による援助なら反対はされまいとの占領軍の判断もあった。同時に、家畜の餌を輸入しなければならないほどの、日本の深刻な食糧事情も理解してもらえるだろうとも考えたのである。こうして昭和二一年四月末、配給の遅配が数十日にも達していた北海道の札幌、函館などで最初の輸入食糧の放出が行なわれた。

学校給食

昭和二一年（一九四六）末には、文部・厚生・農林三省による「学校給食の普及奨励について」が公布された。その一方では、占領軍の対日政策が変わったことにより、昭和二三年からはGHQ（占領軍総司令部）、ララ委員会（LARA：アジア救済連盟）、ユニセフ（国連の国際児童緊急基金、一九五三年、国連児童基金と改称）などといった諸機関から、脱脂粉乳その他の物資の援助を受けられるようになり、児童全員を対象にした給食を行なう学校が次第にふえていった。昭和二五年にはガリオア資金（GARIOA：占領地域統治救済資金）から小麦粉の援助を受けられるようになり、当時の六大都市の小学校では九月の新学期からパンにミルクとおかずの完全給食が実施され、昭和二七年には全国の小学校で完全給食が実施されるようになった。

昭和二六年になるとガリオア資金による援助が打ち切られ、アメリカからの小麦粉の援助を受けることができなくなり、学校給食を継続することは困難になった。しかし、PTAなど関係者の強い給食継続運動が実って、翌二七年政府は小麦粉の購入費用の半額を補助するなどの予算を計上し、国庫からの補助と父兄の負担という形で学校給食は続けられるようになり、今日にいたっている。

学校給食が質の面でも量の面でも急速に充実するようになったのは、昭和二九年に学校給食法が制定されてからのことである。これにより学校給食は学校教育の一環として実施することが定められ、給食の目的はあきらかになり、学校給食に対する法律上での位置づけもはっきりしたのである。さらに、昭和三三年に定められた新学習指導要領により、学校行事としての給食の位置づけもはっきりした。こうして、明治時代から貧しい家庭の児童たちを救済することを目的として一部で行なわれていた学校給食も、戦後は重要な学校行事の一つになっている。

家庭の献立と個人の嗜好への影響

戦後の学校給食の体制が一応整備された時期を、パンにミルクとおかずによる完全給食が全国の小学校で実施された昭和二七年（一九五二）とすると、少なくとも戦後生まれの人たちは小学校の六年間、完全給食を受けて育った世代ということになる。育ち盛りの六年間食べてきた学校給食が、個人の嗜好や食生活に無関係であるはずはないし、日本人全体の食の傾向にも大きな影響を与えているはずである。

学校給食では、作る側は子供たちが食べ残すのを少しでも減らそうとするため、子供が残さない味つけのもの、いいかえれば子供たちが好きな料理を中心に献立を作ろうとする。そのため、かえって幅広い食べ物を食べる機会が少なくなり、新しい味に対する学習の機会が減ってくる。その結果は、全国どこへ行っても、カレーライスやハンバーグなどが幅をきかせるワンパターンの給食になりがちである。

少し古い調査であるが、そのへんの事情についての調査がある。農林中央金庫が昭和五五年（一九八〇）に実施した調査報告書『国民食生活と学校給食』がそれである。調査によれば、学校給食の味つけは大切であり、子供たちのその後の好みを左右するという。学校給食を食べていた時代に好きだった食べ物は、大人になった現在でも好きであり、学校給食での好き嫌いと現在の食べ物の嗜好との間には強い相関が見られるという。給食を食べて育った人たちは、平均的には塩辛く、濃い味つけの食べ物を好み、食べ物に好き嫌いが多く、魚離れが見られるとしている。給食世代の好きな献立は洋風あるいは中華風の料理で、魚や野菜の煮付けや酢の物など和風のものを敬遠する傾向にあるという。

和食の際の主食である米飯は、和風、洋風、中華風のいずれのおかずにもよくあう。洋風の食事の際にはパンが主食となるが、パンは洋風のおかずにはあっても、和風や中華風のおかずとはあまり相性がよくない。パンにホウレンソウのおひたしとマグロの刺し身、あるいはパンにギョーザと酢豚の食卓は魅力に乏しい。最近でこそ学校給食に米飯も採用されているが、長い間パンを主食としてミルクとおかずを添える給食が続けられてきた。パン中心の学校給食では煮魚ではなく魚のムニエルが、ホウレンソウもおひたしではなくバター炒めが、つまり洋風の味つけをしたおかずが主役をつとめることになる。そのような給食のメニューを通して、児童の好みは次第に変化してゆき、成人した後の嗜好にも影響が現れているのである。

学校給食でよく出され、児童に好まれる献立や味つけは、やがて日本人の食生活の中心を占めるようになるはずである。そのことは、徐々にではあるが具体化してきている。日本の伝統的な食事である和食の地位は家庭のなかでも少しずつ後退してきており、洋風と中華風の料理が主流を占めつつある。これらがすべて学校給食の影響とはいいきれないが、やはり学校給食で育った主婦たちの嗜好を抜きにしては考えられない現象である。

パン食の普及と学校給食

戦後の学校給食と後述するアメリカの食糧戦略は、食生活の洋風化、いいかえれば日本の伝統的な食文化の変化に大きな影響を残してきた。第二次大戦後の食糧難の時代、日本人には食べ物を選択する自由はなかった。米が手に入らないのであれば、とにかく小麦粉をはじめとする放出の食糧を食べる以外に、生き延びる道はなかった。こうして、日本人は知らず知らずのうちに小麦粉を食べる習慣を身につけてきたのである。豊かな国アメリカの食生活への憧れもあって、昔からの小麦粉の食べ方、つまり麵類としてではなく、米飯に代わる主食としてパンを食べる食習慣が日本の家庭に広まっていった。

第二次世界大戦以前の日本では、小麦粉で食事をするということは、うどんなどの麵類を食べることであった。もちろん、戦前にもパンはあったが、アンパン、ジャムパンなどに代表される菓子パンが中心で、パンは米飯の補助食、あるいはおやつとしての食べ物であって、ごく一部のハイカラな家庭を除いては主食からはほど遠い食べ物であった。戦後の食糧不足とそれを補うための食糧援助、それにアメリカの食生活への憧れも加わって、パンを主食とする小麦粉食、いわゆる洋風の食事スタイルが生まれてきたのである。

学校給食の普及は、朝のパン食の習慣を家庭に普及させる引き金になった。勤めに出かける人の弁当は、職場での給食やいわゆる外食で代用できる。いいかえれば、弁当を持っていなくても、大人の昼食は金さえあれば何とでもなるのである。しかし、小学校へ通う子供の弁当だけは金では解決できない。ところが、学校給食が定着すると、子供の弁当を作るために主婦が朝早くから起きて炊飯をする必要性が薄れてきた。そうなれば、朝食に米飯を食べるかパンを食べるかは、それぞれの家庭の事情で決めればよいことである。炊きたての米飯にアツアツのみそ汁の和風の朝食を用意するのと、パンとハムにインスタントコーヒーかティーバッグ、保存食品中心に朝食を準備するのと、朝の忙しい時間帯の主婦にとってどちらが手間がかからないかは論じるまでもない。

アメリカの食糧援助戦略

学校給食はアメリカで余った脱脂粉乳や小麦の、またとない受け入れ先になったのである。同時に、その食糧援助が日本人の食習慣を、そして嗜好をいつの間にか少しずつ変えてきたのである。『コメを考える』（祖田修、岩波新書）には次のように書かれている。

昭和二十年代から三十年代にかけて、「コメを食べると頭が硬直してバカになる。小麦を食べると頭脳が弾力的になってかしこくなる」、「三度三度コメを食べるとガンになる」などというまことしやかな説が、こともあろうに一部の農学者やジャーナリズムによって流布された。そして最近アメリカは、これらのキャンペーンがアメリカの余剰穀物を処理する目的で、膨大な宣伝費を使い、意図的になされたものであることを認めている。

アメリカのキャンペーンは確実に人びとの間に浸透していった。昭和三三年（一九五八）、『朝日新聞』の連載漫画『サザエさん』（長谷川町子）の一コマにまで、コメ否定のキャンペーンが届き、次のような場面が描かれている。夕食の食卓を囲んで、フネが波平にご飯のお代わりの盆を差し出しながら、「アラたった一ぜん？」と問いかけるのに対し、波平は「いらない。米食はながいきしないらしい」とこたえているのである。

また、昭和三九年に、アメリカのマクガバン上院議員は次のように語っている。

「平和のための食糧法」を通して米国農産物になじんだ膨大な人々の地域が大食糧市場になった。米国がスポンサーになった日本の学校給食で、米国産のパンやミルクが好きになった子供たちが後日、日本を米国農産物の最大の買い手にした。

米食からパン食へ、再び米食へ

米飯はそれだけでもおいしく食べられるが、小麦粉は基本的においしくない食べ物で、小麦粉だけではとても食べられない。そんなわけで、小麦粉を食べる場合には、イーストの発酵によって香りをつけてパンにしたり、麺に加工して汁の味で食べるなど、小麦粉プラス何らかの香味という形で食べざるをえないのである。米と小麦の両方が収穫できる地域では、世界中のどこでも、経済的にゆとりが生まれてくれば、価格とは関係なく必ず小麦粉食から米食へと消費が移っていくという。このように世界的な食生活の推移を見ても、小麦粉食から米食へ転換をする地域はあっても、いまだかつて米食から小麦粉食へ転換した地域や民族はないという。

小麦粉食から米食へという世界の穀物消費の傾向に反して、現在の日本では大がかりな米食から小麦粉食への転換の実験が進行中であるといえる。広く普及している学校給食は、アメリカの食糧戦略の上に成り立ったものであった。その結果、パンによる給食から抜けきれなかった学校給食であったが、国のコメ政策のつまずきで、大量の在庫米を抱えることになったことが大きな圧力となって、昭和五一年（一九七六）、パンに依存していた学校給食に変化の兆しが現れた。文部省は「児童、生徒に米飯の正しい食習慣を身につけさせることに教育上意義がある」との理由のもと、この年の四月から学校給食に米飯を導入することを決定した。同時に、学校給食で使うコメは消費者米価の三五パーセント引きで供給することとし、翌年には、米飯導入を進めるための推進委託事業費を、委託炊飯を行う工場に交付するなど、米飯給食を取り入れやすい環境を整えた。

更に、「米飯学校給食は、子供たちにコメを中心とした「日本型食生活」の普及・定着を図るうえで重要」だとして、平成二一年（二〇〇九）からは、米飯による学校給食の回数を増やすことを新たな目標となり、文部省から「米飯給食の推進については、週三回以上を目標として推進する」との通達が出された。その結果、平成二八年（二〇一六）度においては、学校給食を実施している全二万九二〇〇校における米飯給食の回数は、週平均で三・四回まで増加している。

学校給食の分野では米飯給食は復権したといえようが、家庭内での「日本型食生活」の普及・定着という面では、定かな成果は見えていない。

(3) 軍隊の給食の影響

近代的な軍隊の創設

江戸時代の末期、中国大陸の清国は世界で最大の国土と人口を持っており、安定しかつ堅固な国家であると幕府は見ていた。しかしながら、アヘン戦争（一八四〇〜四二）がはじまると、四〇隻あまりの軍艦と近代的な兵器を使うわずか四〇〇〇人あまりのイギリス兵の前に、清国はあっけなく敗れてしまい、一九〇〇〇万両の賠償金を払わされるとともに香港を奪われてしまった。幕府にとっては目の前が真っ暗になるほどの大事件であり、次にねらわれるのは日本かもしれないという不安感を拭いさることができなかった。この恐怖感は明治新政府にも引き継がれるのである。

このように緊迫した状況に対応して新政府がとった政策は、列強諸国と国交を結び、優秀な欧米の先進文明をとりいれて、一日も早く富国強兵をはかることであった。この政策は政府の機関と軍隊で積極的に推し進められた。こうして明治三年（一八七〇）に日本の軍隊は、陸軍はフランス式、海軍はイギリス式と定められて発足した。その後、普仏戦争（一八七〇〜七一）でプロイセンを主とする北ドイツ連邦がフランスに大勝すると、明治一〇年には陸軍はフランス式からドイツ式に改められた。洋式の軍隊が編成されると、兵舎は洋風建築になり、そこにテーブルと椅子、ベッドに毛布、もちろん洋服に帽子と革靴を採用して、近代的な軍隊の形が整えられたのである。

将来の陸軍の幹部を養成する陸軍幼年学校も明治五年の開校当時は、すべてがフランス式で統一され、三度の食事までスープ、パン、肉類と完全にフランス式をとりいれていた。教科についても、教官がすべてフランス人であったため、数学の九九までフランス語で教え、歴史も地理もフランスの歴史や地理を教えていた。それほどまでに西欧文明の取り込みに執着していたのである。

一日六合、米飯主体の軍の兵食

洋風化策が進められた軍隊ではあったが、一般の兵隊の食事の内容まで洋風化していたわけではなかった。日ごろから麦飯しか食べていない農民層から兵隊を集めるうえで、「軍隊に行けば白米の飯が食べられる」という謳い文句をはずすことはできないとの判断で、軍の給食には米飯を主食とする定量定額方式と呼ばれる給食方式が採用された。明治二年（一八六九）に定められた規則では、

一、兵食一日一人ニ付、白米六合ツツ

一、菜代一日一人ニ付、一朱（六銭二厘五毛）ツツとされている。洋風軍隊が発足した後の明治三年になっても、給食方式は定量定額方式のままで、明治六年になって菜代が六銭六厘に改められたにすぎない。江戸時代の武士の給料の基準である一人扶持が、一食二合半で一日二食、つまり一日五合の米であった。副食物も豊かになってきた明治時代のこと、一日六合の米飯は腹一杯の食事であったことであろう。このように白米による定量（六合）の主食と、定額（六銭二厘五毛）の菜代つまり副食費は物価の変動に対応して変更することはあっても、この二つを柱とした定量定額方式は、陸軍の平時の給食の基本となって、その後も続くのである。

脚気対策、陸軍と海軍の差

洋式軍隊が発足してすぐ、軍の首脳部の頭を悩ませたのは脚気《かつけ》であった。江戸時代から江戸などの都会に住む人びとの間には、「江戸患い」あるいは「大坂腫れ」と呼ばれた脚気が多かった。白米を主食とすることを決めた軍隊でも、脚気は悩みの種であった。明治一一年（一八七八）以前の海軍の統計には、海軍軍人が一五五二人だったとき、一年間に六三六六人の脚気患者が出たとあり、一人年四回も脚気になったという、信じられないような記録も残されている。また、明治一一年から一六年まで、一〇〇〇人あたり年間二五〇人から四〇〇人が脚気になっていたという記録もある。これらの記録が示すように、初期の軍隊では、陸軍、海軍を問わず兵隊はもちろんのこと幹部までもが脚気にかかり、バタバタと倒れてしまうという異常な事態になったのである。

今でこそ脚気はビタミンB_1の欠乏症で、ビタミンB_1さえ補給してやれば簡単に全快することがわかっている。当時の脚気は原因がわからないだけではなく、確固とした治療法もなく、死にまでもいたる病であった。装備に金をかけ、訓練に時間をかけても、兵隊たちが脚気で倒れてしまっては戦争にならない。

明治一七年、陸軍大阪師団の堀内利国らは、麦飯を食べることによって脚気が減少することを報告したが、白米を食べられることが魅力で入隊してくる農村出身の兵士に対して、麦飯を食べさせることはできないとの理由で、この貴重な報告は採用されなかった。一方海軍でも、海軍省医務局副長であった高木兼寛（のちに海軍軍医総監）が早くから、脚気は食物と関係があると予測し、同じ明治一七年の軍艦筑波《つくば》、竜驤《りゆうじよう》の遠洋航海に際して、兵隊たちの食事を洋食に近づけ、野菜・パン・ミルクなどを多くして米飯を減らした。その結果、脚気の予防に非常に効果があることがわかり、陸海軍とも兵隊の食事は洋風にすべきだと提言をしている。軍艦のなかにパン焼き窯を装備することができる海軍とは違って、野戦のときにパン焼き窯をどのように設置するかという問題一つをとってみても、陸軍では導入するのには問題が大きいとして採用にはいたらなかった。洋風食を採用した海軍でも、洋風の食事は兵隊たちにとって評判がよくなかったので、明治三三年には海軍も主食としてのパンを減らし、米麦飯にウェイトを移して日本食重視の食事を制度化した。陸軍でも明治三八年には、脚気予防のために飯に麦をまぜることに踏み切った。

食品工業発展への寄与、缶詰工業

軍の給食は、未熟であった日本の食品工業の発展に大きく寄与することにもなった。西郷隆盛を押し立てた薩摩軍と新政府軍との間に西南戦争が起こったのは明治一〇年（一八七七）のことであった。この戦争で日本陸軍は創設されてからはじめて、戦時給食の経験をするのである。明治四年に長崎で松田雅典がフランス人レオン・ジュリーから技術を学び、イワシの油づけ缶詰を製造したのが日本の缶詰のはじまりといわれる。誕生間もない缶詰も戦時給食に採用され、牛肉の缶詰三六〇貫（一三五〇キログラム）が政府軍に納入された。これが日本における軍用缶詰の第一歩とされている。長期間にわたる保存ができ、缶を開ければ煮炊きすることなくすぐに食べられるという缶詰の特性が認められて、西南戦争が終わってからも缶詰を民間から購入していたが、不良品が少なくなかった。陸軍では、軍用缶詰は自分の手で作らなければ安心できないと判断し、明治三〇年には陸軍内で缶詰の製造がはじまったのである。

最初に製造されたのは昆布の佃煮缶詰であり、豚肉の水煮缶詰、牛肉大和煮缶詰があいついで製造された。なかでも爆発的な人気を集めたのが牛肉の大和煮缶詰であった。明治三七年から三八年にかけての日露戦争の際に、民間から買い入れた肉類の缶詰のうちの約五七パーセント、重量にして二〇〇〇貫（七・五トン）強が牛肉大和煮の缶詰であった。参考までに、この時に購入した肉類缶詰の内訳は二〇パーセント強がローストビーフ缶詰、一〇パーセント強がコーンビーフ缶詰であり、牛肉大和煮缶詰と合わせて全体の九八パーセントを牛肉の缶詰が占めていた。この当時、国産缶詰は一般社会での需要がほとんど見こめないような状況であり、初期の缶詰業界の発展には軍用缶詰の貢献が非常に大きかった。

ビスケット工業

戦争に際しては持ち運びに便利な食料が必要になる。新しく軍隊の携行食として使われるようになったのがビスケットであった。前に述べたように、西欧から中東にかけてのパン食地帯では、パンをもう一度焼いて水分を減らし、旅行用の食料とすることが考え出されていた。これがビスケットのはじまりであり、十字軍の遠征にも、コロンブスの航海にも、大量のビスケットが準備されたのである。ビスケットはポルトガル語で二度焼くという意味のビスカウトの名前で日本に伝わってきていた。このビスカウトを直訳して、ビスケットのことを重焼麵麭《じゅうしょうめんぽう》と呼んでいた。麵麭とはパンのことである。

日清戦争によってビスケットの需要は急激にふえた。その当時ただ一店、ビスケットを焼く機械窯を持っていた東京の凮月《ふうげつ》堂分店の米津恒次郎の伝記によれば、

> 明治二十七〜八年の戦役の起るや陸軍省の特令に応じて、同二十七年七月より翌二十八年五月まで、満十一カ月の間に、ビスケット無量三百万斤（一千八百トン）。この価格三十万円の巨額を製出納付して（略）

とあり、輸入した機械窯の稼働率が低くて倒産寸前であった凮月堂分店は、まさに日清戦争でよみが

えったのである。この戦争を機に、ビスケット工業はそれまでの手焼き方式から機械生産へと切り替わってゆく。

重焼麵麭と呼ばれた乾パンの前身になる携行食が開発されたのは、日露戦争のさなか東洋製菓によってであった。主食代わりに食べるパンのプレーン味と、保存性が高いビスケットの両方の特性を生かし、六センチメートル四方の大きさの乾パンが作られるようになり、明治四〇年（一九〇七）には陸軍の携行食として正式に採用された。この重焼麵麭は理想的な携行食であると認められ、その後も長く軍隊で用いられた。このように、ビスケット工業もまた戦争のつど発展を遂げ、それが一般の人にビスケットを普及させるのに役立ったのである。

東の豚肉、西の牛肉

日本列島には「東の豚、西の牛」という肉食の傾向があるが、この傾向は日露戦争によって形づくられた、といってもいいすぎではない。総務庁統計局から発刊されている『家計調査年報』で、家庭で買った各種の肉類のなかで牛肉と豚肉がどんな占有率になっているかを調べると、あきらかに肉の食べ方には「東の豚、西の牛」という地域性が読みとれる。肉類消費のなかで牛肉の占有率が全国平均より上回るのは、石川、福井、滋賀、三重県を結んだ線より西側の各県である。逆に豚肉の占有率が全国平均より上回るのは、富山、長野、愛知県を結んだ線より東側の各県である。岐阜県のみが牛肉も豚肉も全国平均を下回っているが、あきらかに「東の豚、西の牛」という分割線が日本列島を二つに分けていることが見てとれる。

天武四年（六七五）、天武天皇はすでに国教になっていた仏教の教えに従って、「檻穽《おりしあな》や機槍《ふみはなち》を置いてはいけない、四月一日より九月三十日までの間、牛・馬・犬・猿・鶏の肉を食べてはならない」との詔、いわゆる「殺生禁断の詔」を公布した。檻穽は檻と落とし穴のことである。機槍とは、弓をけもの道に仕掛け、仕掛けにふれると木の枝や竹で作ったばねで槍がとびだす仕組みのものをいうらしい。その後の政権も一貫して、表向きは家畜を食べることを禁止する政策をとりつづけた。江戸時代にはいってからは、彦根藩の近江牛の味噌漬けや、江戸平河町の獣肉屋「ももんじや」など、わずかな例外を除いて、公の生活や一般庶民の生活からは肉食は姿を消してしまっていた。

肉食普及への努力

明治新政府は「文明開化」のスローガンの下で、制度面からの欧風化・近代化をすすめるとともに、食生活の面でも欧風化の先兵として肉食の復活をすすめた。明治五年（一八七二）一月二五日には、宮内庁は「わが朝にて中古以来、肉食を禁ぜられしに、畏れ多くも天皇謂れなき儀に思召し、自今肉食を遊ばさる旨、宮にてお定めありたり」と、天皇自らが肉食をはじめる旨の示達をだした。こうして、肉食は公式に解禁されることになった。

仮名垣魯文《かながきろぶん》はその著書『安愚楽鍋《あぐらなべ》』（一八七一）のなかで「士農工商、老若男女、賢愚貧富、おしなべて牛鍋食《うしなべ》はねば開化不進奴《ひらけぬやつ》」と肉食を称賛し、敦賀《つるが》県知事の山田武甫《たけとし》は県民に対して肉食の大切

茶店女のかくしぐい　「若い者のくせに、よく開けて牛を食べ習ったね、ほんとにそれにゃア感心するよ」と若い女をほめながら牛鍋をかこむ（『牛店雑談安愚楽鍋』仮名垣魯文）

さを知らせる諭示をだすなど、官民あげての「肉食のすすめ」の時代へ入っていった。上流階級での肉食は正式の西洋料理としてとりいれられたが、庶民の肉食はもっぱら牛鍋であった。伝統的な鍋物にいれる魚介類を牛肉のうす切りで代替したものが牛鍋で、牛肉を野菜と一緒に味噌あるいは醤油で煮るという、きわめて日本的な料理方法で庶民は肉を食べはじめたのであった。

この時代に肉食が一気に浸透した訳ではないことを示す事例がある。『にっぽん台所文化史』（雄山閣出版。小菅桂子）には、『時事新報』の記事として、明治三一年から翌三二年にかけて、東京市民が食べた肉の量は、人口一〇〇人つき平均一日一・三一斤《きん》（一斤は六〇〇グラム）～一・四八斤と出ている。一人当たりに換算すると、およそ一日当たり八グラムの肉を食べていたことになる。明治三一年の東京で八グラムということは、全国で見るとこれよりもかなり低い数字になることが予測され、肉食の普及は政府の目論見に反して、遅々として進まなかったことがうかがわれる。

明治の初期に、牛肉の人気が高くて、豚肉が不人気であったのには理由がある。当時、関東地方の農家でも豚は飼っていたが、食用にするためではなく、豚の糞尿を肥料とする目的で飼っていた。そのうえ、豚は残飯やその他ありあわせの餌で飼われていたため不潔感が強く、さらに臭い豚小屋からの連想で、豚肉は臭いと嫌われていたのである。明治に入ってからも長い間、肉を食べるということは牛肉を食べることであった。

豚肉が食卓に上らなかったのには、もう一つの理由がある。「村上信夫の西洋料理」（経済界、村上信夫）では、ヨーロッパにおける豚肉の扱われ方を次のように語っている。

ヨーロッパでは豚はどこの肉屋でも売っているというわけではありません。ハム、ベーコン、ソーセージなどに加工してしまうからです。ですから豚肉を手に入れるためには専門の豚肉屋さんまで出向かなければなりません。

この一文は、ヨーロッパ人が日常食べている肉は、牛肉あるいは鶏肉であることを示している。このことはアメリカについても同様である。食生活の欧米化を進めるために復活させる肉は、欧米人が日常食べている牛肉でなくてはならず、食べている場をほとんど見かけることのない豚肉ではなかったはずである。

日露戦争と牛肉事情

日露戦争がはじまると、兵隊に人気の高い牛肉大和煮の缶詰が戦地に大量に送られるようになった。

缶詰用としての牛の処理数は、それまで一日四〇頭くらいであったのが、戦争のために一日五〇〇頭を上回るようになった。また、六万人を超えるようになったロシア軍の捕虜の食事としての牛肉の需要も大きく、缶詰用のほかにさらに一日五〇〇頭分の牛肉が必要であった。その当時の牛の飼育頭数は一二〇万〜一三〇万頭であったのに対し、一年に三十五、六万頭の牛肉を消費するようになったのである。この数字は牛の再生産という面では決して無理のある数ではなかったが、牛肉の相場は高騰して、日露戦争のはじまった明治三七年（一九〇四）には一〇貫目（三七・五キログラム）十四、五円であった牛肉が翌年の春には二十五、六円という値段に跳ね上がった。牛肉が値上がりして高くなれば、安い豚肉が脚光を浴びることになる。明治三八年、東京市内では牛肉のロースは一〇〇匁目《もんめ》（三七五グラム）六五銭、豚肉は中等肉でも三〇銭と安かった。今までは食わずぎらいでうとんじられていた豚肉も、食べてみれば意外にうまいこともわかった。こうして豚肉の消費は急速にふえていくのである。

牛は西日本では古くから水田を耕すための役牛として利用されていた。また、公家のあいだでは牛《ぎっ》車《しゃ》としても利用された。神戸、近江（滋賀県）、松阪（三重県）は日本の三大和牛の産地であるが、いずれも西日本にある。西日本の牛にあたるのが東日本の馬であった。江戸湾に流れ込んでいた利根川の流れを銚子のほうへ流す工事、葛西《かさい》用水や見沼代《みぬまだい》用水などによる関東平野の灌漑が完成するまでは、東日本では水田よりは畑作が主体であり、畑を耕すのに馬を使っており、また関東武者は馬で山野を駆け巡っていたのである。

西日本には昔から牛を飼う伝統があったから、食用の牛の増産にも容易に対応できた。東日本では牛を飼う伝統がなく、神戸、出雲、津軽、会津、信州などから牛を生きたままで運んできて牛肉を供給しなければならなかった。牛肉の需要がふえたからといって、東日本での牛肉の増産は容易なことではなかった。肉への需要はふえるけれども牛肉の供給は追いつかない。そのような事情があって、牛よりも飼うのがやさしくて場所をとらない豚が東京近郊で飼われるようになり、東日本を中心に豚肉食が広まっていったのである。この傾向は、日露戦争のはじまる前、明治三四年（一九〇一）の牛と豚の処理数に現れている。牛は関東一府六県の三万九〇〇〇頭に対して近畿二府四県では三万六〇〇〇頭とほぼ同数であるが、豚は関東の二万六〇〇〇頭に対して、近畿では四五〇〇頭と関東の六分の一強にすぎない。日露戦争による牛肉の高騰は、「東の豚、西の牛」の傾向をいっそう強めることとなり、その傾向を固定したのである。

第四章　外食の発達

(1)　茶屋から料亭へ

外食のルーツは茶屋と屋台

昼どきになると中華料理屋でラーメンをすすり、洋食屋のトンカツ定食に舌つづみを打つなど、昼食を外食ですませることは少なくない。そこで、弁当、給食につづいて外食についても考えてみたい。日本における外食のルーツを探ると、江戸時代に発達した茶屋と屋台にいきつく。この茶屋と屋台が日本の料理文化ならびに外食文化に大きな影響を残しているのである。

一四七一年に李氏朝鮮で刊行され、日本と琉球の歴史、地理、風俗などを書き記した『海東諸国紀』(申叔舟《シンスクチュ》)には、「人は喜びて茶を啜《すす》る。路傍《ろぼう》に茶店を置きて茶を売る。行人《こうじん》〔通りがかりの人〕銭一文を投じて一椀を飲む」と京の街の情景が書かれており、室町時代の都にはすでに一杯一文の茶店があったことがうかがわれる。江戸時代に入ってから各地に現れた茶屋は、食堂や料理屋そして喫茶店など、現代の飲食店の祖先といえよう。

江戸幕府の体制も固まった寛永一二年（一六三五）には、参勤交代の制度が定められた。各藩の大名は、江戸と自藩のあいだを、一年交替で行き来しなければならなくなり、街道はもとより宿泊施設も整ってきた。同時に、戦乱のない平和な世の中をむかえて庶民の旅も自由になり、商用や寺社詣でなどでの往来も次第に盛んになった。庶民の旅の一例として伊勢参りについてみると、享保三年（一七一八）伊勢山田奉行によると、正月元旦から四月一五日までの参詣者は実に四二万七〇〇〇人と報告されている。寛永年間（一六二四〜四四）以降になると、街道筋や寺社の門前などには、旅人や参詣客を休息させ、湯茶をサービスする水茶屋《みずぢゃや》や腰掛け茶屋が見られるようになった。茶屋は街道筋、行楽地、そして寺社など信仰の地に生まれ育ち、やがては街のなかへと広まっていくのである。

掛茶屋　街道筋に出現した掛茶屋。宿と宿のあいだの休憩所でもあった（『富嶽三十六景・富士吉田』葛飾北斎）

はじめのころの茶屋は釜や道具をかついでの行商であった。やがて人の往来の多い道路のかたわらや寺社の門前など、特定の場所で商売をする者が現れるようになった。床を張って茶釜を据え、葦簀《よしず》（ヨシで編んだすだれ）で囲った茶屋も見られるようになり、やがては小屋を建てて商売をする者も現れてきた。

専門化していく茶屋

茶屋では湯茶を売るだけではなく、時代とともに餅や団子、うどんにそば、茶飯などの食べ物を供するようになってきた。さらに時がたつと、茶屋は立地条件にあわせてさまざまなサービスを提供するようになり、そのサービスの内容によっていくつかの方向に発展していくのである。大ぐくりに見れば、街道筋の茶屋は宿泊もできる旅籠《はたご》の方向へ、寺社の門前の茶屋は料理を提供する料理屋へと発展していった。

本格的な料理を提供して会合などに席を貸す料理茶屋、芝居見物の便宜をはかる芝居茶屋、角力《すもう》の見物客の世話をする角力茶屋、男女の出会いに部屋を提供する出合茶屋《であいぢやや》、吉原などの遊郭で客を遊女のいる店に案内する引手茶屋《ひきてぢやや》など、いろいろな茶屋が出現した。そのほかにも、盛り場の水茶屋や街道筋の掛茶屋《かけぢやや》など、昔ながらの茶屋も健在であった。相撲協会にかわって枡席《ますせき》の切符の販売を代行し、木戸をくぐれば枡席まで案内してくれ、枡に座れば飲食のサービスから帰りのお土産まで面倒をみてくれる角力茶屋、そのシステムは現在でも相撲見物と深く結びついて健在である。

外食のはじまりは奈良茶

『嬉遊笑覧』によると「江戸にて料理茶屋といふものむかしはなし、寛文（一六六一～七三）の頃迄もすくなかりし」という状況で、一七世紀前半の江戸では外食の店はほとんど見られなかった。外食の店が見られるようになるのは一七世紀の後半からで、その引き金となったのは、死者一〇万人を出したという明暦《めいれき》の大火であった。明暦三年（一六五七）のこの大火後の街の復興にあたっては、道路の幅や民家の規模を統一したり、火よけのために広小路を設けるなど、この火事によって江戸の街の景観はすっかり変わってしまった。

明暦の大火の後に、金竜山浅草寺（浅草の観音様）の門前で、飯と汁とおかずをセットにした食事が奈良茶の名前で売り出された。この奈良茶を食べさせる店が江戸の外食店のはじまりである。元禄六年（一六九三）に出版された『西鶴置土産《さいかくおきみやげ》』は、奈良茶のことをとりあげた最初の書物であるとされている。これには、

近きころ、金竜山の茶屋に、一人五分づつの奈良茶を仕出しけるに、うつは物のきれいさ色々調へ、さりとは末々の者の勝手の能《よ》きことなり。なかなか上方にもかかる自由はなかりき。

と、金竜山門前の奈良茶の店のことが記されている。

奈良茶飯はもともと奈良の東大寺や興福寺などの僧侶が生み出したものであるといわれている。茶を煎じて、一番煎じの茶と二番煎じの茶を別々にとり、二番煎じの茶に塩を少し加えて飯を炊く。その茶飯を一番煎じの濃いお茶で茶漬にして食べるのが奈良茶飯である。これに炒り大豆、炒り黒豆、かち栗などを加えることもあった。しかし、『料理献立早仕組』（風羅山人編）によると江戸では「塩味にするのは悪く、醬油と酒とで調味したのが美味」とされ、茶飯とはいいながらも本来の茶飯では

なく、醤油飯の茶漬が提供されていた。

また、『事跡合考《じせきがつこう》』（柏崎永以、一七四六年起筆）には、

明暦の大火後、浅草金竜山（待乳山《まつちやま》）門前の茶店に、始めて茶飯、豆腐汁、煮染《にしめ》、煮豆等を調へて、奈良茶と名づけて出せしを、江戸中はしばしよりも、金竜山のならちやくひにゆかんとて、殊のほか珍しきことに興じけり。

との記述もあり、金竜山門前の奈良茶の店は大いに繁盛していた様子がうかがわれる。

金竜山門前の奈良茶の店について触れた本はいくつかあるが、残念なことに、どの本にも金竜山門前の奈良茶の店の名前や創業の年は出ていないという。『蜘蛛《くも》の糸巻』（山東京山）には、「天和（一六八一〜八四）のころ、はじめて浅草並木橋に奈良茶飯の店ができ、人々が珍しがって出かけていく」ということが書いてあり、このころには奈良茶の店があちこちに広まっていたことを伝えている。したがって、金竜山門前の奈良茶の店は一六七〇年代には存在していたと考えられる。

料理茶屋の誕生

金竜山門前の奈良茶が人気を呼んでいるとなると、その後は雨後のタケノコのように、奈良茶を食べさせる店がふえるのは世のならいである。その様子を『守貞漫稿』は、「今世、江戸諸所に種々の名を付け、一人分三十六文あるいは四十八文、あるいは七十二文の茶漬飯の店、挙げて数うべからず」と述べている。こうした茶飯を食べさせる店がやがて料理茶屋へと発展していくのである。もと

もと茶屋と仕出し屋とはまったく別の商売であった。仕出し屋は調理をするだけであり、茶屋は仕出し屋から取り寄せた料理を客に食べさせるのが専門であった。その茶屋が自分の店で料理をして客に食べさせるようになり、これが料理茶屋と呼ばれるようになった。

河崎万年屋　奈良茶飯屋は各所に広まり、河崎の万年屋のにぎわいが絵図に残っている（『江戸名所図絵』）

寛文年間（一六六一〜七三）に「四条橋から灯がひとつ見ゆる　灯がひとつ見ゆる　あれは二軒茶屋の灯か」という歌が、京都の街にはやったという。この二軒茶屋とは、祇園の八坂神社の鳥居をくぐって東側の中村屋と西側の藤屋のことで、祇園豆腐として名高い豆腐の田楽をだす茶屋であった。

大阪には、このころから浮瀬《うかむせ》という名の酒楼があったことが知られている。滝沢馬琴が『烹雑《にえまぜ》の記』に、「大坂に浮瀬といふ酒楼あり。こゝには白菊、君不識《きみしらず》などといふ大酒盃有りて、よく飲《のむ》ものはその名を簿にとどめ、亭主引出物してこれを賀《が》すといふ」と書き記した店である。外食店が現れてきたのは、どうも江戸よりも上方のほうがいくぶん早かったようである。

本格的な料理茶屋へ

江戸の街に現れた本格的な料理茶屋の第一号は、明和七年（一七七〇）ころに深川洲崎《すさき》に店を開いた「升屋」とされている。升屋の主人喜右衛門は風流人であったので、升屋は座敷にも庭にも調度にも数寄《すき》をこらした料理茶屋であった。こういう店に出入りしたのは、世にいう通人であり、また経済力を持った商人たちであった。升屋の名声はとみにあがって大いに発展した。諸藩の留守居《るすい》役が接待によく利用するようになったので、「留守居茶屋」とも呼ばれたという。

天明（一七八一〜八九）以降、名を知られた料理茶屋は、四季庵（中洲）、二軒茶屋、平清（ともに深川）、金波楼（今戸）、梅川、万八楼（ともに柳橋）、田川（竜泉寺）などで、その多くは隅田川沿いの眺めのよいところに店を構えていた。なかでも、升屋が没落した後の高級料理茶屋の第一位は、浅草山谷《さんや》にあった八百善《やおぜん》であった。八百善の発祥はその名のとおり八百屋であったが、四代目の善四郎のアイディアと商売のうまさで八百善の基礎を築いた。最初のころは寺社や武家を相手にした仕出しを営んでいたが、力がついてくると自分のところに座敷を設け、料理茶屋へと発展したのである。

そのころ、八百善に出入りする客のなかには、画家の酒井抱一《ほういつ》や渡辺崋山《かざん》、狂歌の大田南畝《なんぽ》（蜀山人《しょくさんじん》）など多くの文人の名前が見られる。八百善はこれらの文人たちに好かれ、そこでの飲食の様子は書物にもとりあげられ、八百善の名は多くの人の知るところとなった。さらに八百善自身も巧みな宣伝を行なってさらなる名声を博していた。こうして、一流の料理茶屋としての地位を築いただけでなく、料理茶屋といえば八百善といわれるまでになった。

八百善、超一流茶屋の料理

当時、超一流といわれた八百善はどんな料理茶屋であったのか、全盛時の八百善にまつわるさまざまなエピソードが江戸時代の随筆に残されている。

美食に飽きた数人の客が八百善の座敷にあがって茶漬を注文した。さんざん待たされて半日もたったころに、ようやく香の物と煎茶が運ばれてきた。早速お茶漬にして食べるとさすがは八百善というまさであった。さてお勘定となってびっくり、お茶漬の代金はなんと一両二分、現在のお金に換算すると約一五万円。わけを聞けば、宇治の上等なお茶に合わせるため、わざわざ飛脚をたてて玉川上水の取水口（東京都羽村市）から水を運んだからとのことであった。これ以降、八百善の名声はますますあがったという。

また、文政の末ごろ、奥御祐筆組頭の船津勘左衛門が料理の切手（今でいえば招待券）を送られたが、それには金額が記入されていなかった。あるとき用人に、出掛けたついでに八百善で食事でもしてこいといって、その切手を与えた。同僚と二人で八百善へあがって切手を出すと、立派な料理が次々と運ばれてくる。満腹になって帰ろうとすると、切手分の料理はまだ終わっていないので、調理し終わっている料理はお土産にし、残りは金で返すということになった。山のようなお土産をもらったうえに、なんと一五両、現在の金に換算すると一五〇万円、八百善の料理がいかに高いものであったかがわかる。そんなわけで、催し事の会場が八百善だとわかると出費を恐れて、なにかと理由をいいたてて会合への参加を断わる者も少なくなかったという。

この八百善がもっとも盛んだったのは、文化・文政（一八〇四～三〇）のころであった。老中水野忠邦《ただくに》による天保の改革（一八四一～四三）によって、勤勉と倹約を旨として風俗を正す政策がとられると、八百善の商売にも差し障りがでてくるようになった。また八百善自体も火災で諸道具を焼いてしまったので、仕出しに徹するようになった。嘉永（一八四八～五四）のころからは再び料理茶屋として座敷に客をとるようになったが、昔日の繁栄は呼び戻せなかった。

紀元前からある中国の外食

中国では、日本やヨーロッパとは比べものにならないくらい古くから、外食産業が発達していた。前漢（紀元前二〇二～後八）の中ごろから都市には飲食店が立ち並んでいたし、現在万里の長城がある辺境の地方にも飯屋があったという。前漢の宣帝（在位紀元前七四～前四九）の時代に編纂された『塩鉄論』には、当時の外食の様子が次のように書かれている。

むかしの人たちは調理した食物を売らず、市場では食事をしなかった。その後にも家畜を殺して売り、また酒や干し肉や魚や塩を売るだけであった。しかし、いまでは調理済みの食物を売る店や屋台が軒をつらね、（肉などの）料理がたくさん並べられている。（人びとは）仕事をなまけるのに、食事はつねに旬の味を求める。

中国大陸では、商業や手工業の発達にともなって都市には早くから市場が開け、そこで外食産業が発達してきたのである。今から二〇〇〇年以上もの昔、日本では弥生時代のころに、中国にはすでに外食産業が成り立っていたのである。

ヨーロッパの外食は日本より一〇〇年遅い

ヨーロッパで外食がはじまったのは、金竜山門前に奈良茶の店が現れてから、約一〇〇年後の一八世紀の後半、一七六五年のことであった。この時代のフランスでは、自宅で炊事ができなければ、宿屋に泊まって食事をするか、トレトゥールと呼ばれる仕出し専門の料理屋から料理を取り寄せるしかなかった。仕出し専門の料理屋では、肉などは何人分もある大きなブロックでの注文しか受けつけなかったから、高いものにつきしかも不便であった。

レストランという言葉はもともと「体力を回復させるための栄養食、強壮剤」という意味であって、この時代には特に肉を煮込んだ際にできるブイヨンのことを意味していた。ブーランジェという男が、このレストランで商売することを考えた。彼はトレトゥールの組合に入っていなかったので、料理した肉類を扱うことはできなかった。一七六五年に店を開いたブーランジェは、ブイヨンのほかにも「羊の足の白ソース煮」をレストランと称して売りだした。煮込み料理の販売権を侵されたと主張するトレトゥールの組合と、裁判で争った結果はブーランジェの勝利に終わった。裁判に勝ったことも評判になり、ブーランジェの店は繁盛した。それにあやかろうとして、レストランを売る店が続出した。こうして、取り扱う商品の名前をとって、レストランを売る店のことを「レストラン」と呼ぶようになったのである。この裁判をきっかけとして、トレトゥールの独占体制が崩れ、飲食物を自由に売ることができるようになっていくのである。

この直後の一七八九年にはフランス革命が起こり、没落していく貴族の屋敷で働いていた料理人たちは主人を失い、次々に自分でレストランを開くようになった。ちょうどそのころは産業革命が進行中であり、ヨーロッパの中心であるパリには人が押し寄せてくる。彼らによってレストランは支えられ、発展するのである。フランス革命の前には五〇軒にも足りなかったパリのレストランも、四〇年後の一八二七年には約三〇〇〇軒にまでふえていた。

(2) 江戸庶民の外食

江戸の大火と外食の発達

江戸時代の約二七〇年の間には、「江戸の大火」といわれる火事だけでも一〇〇件近くあった。二、三年に一度の割合で、江戸の街のどこかが大火に見舞われていた計算になる。また、寛政一二年（一八〇〇）から明治元年（一八六八）までの七〇年足らずの間だけでも、火事によって焼けた町の数は実に延べ二三六一にのぼるという。当時の江戸の町数は約一七〇〇、単純に計算すれば江戸の街のどこに住もうとも、五〇年に一回は火事によって焼け出されてしまう計算になる。

「火事と喧嘩は江戸の花」といわれるほど大火の多かった江戸の街では、常に復旧工事が行なわれていた。そのため、大工、左官、鳶《とび》などの職人や土方、人足たちにとっては、働き口はいくらでもあり、特に貯えなどがなくても、健康で働けさえすれば生活に困ることはなかった。火災保険などの制度がなかった当時、ひとたび大火に見舞われれば、自らの手で運んで逃げられる家財道具以外は、すべて灰になってしまう。そんなわけで、彼らは稼いだ金を耐久消費財のような物を買うことにあまり向けようとしなかった。このような風潮から、「宵越しの金を持たない」という江戸っ子の気質が生まれてきたのである。

健康保険などのような社会保障の制度もなく、身体だけが元手の生活では、強い身体を作り、健康を保つことが大切であった。そのために、職人や土方、人足たちは食べ物にかけるお金を惜しまなかった。そのうえ、食べることは彼らにとって大きな楽しみでもあったのである。こうして、さまざまな食べ物を扱う振売《ふりうり》や辻売《つじうり》そして屋台が、彼らの需要に応じて発展してくるのである。

外食を支えた単身の男性

江戸の外食が発達したもう一つの理由は、江戸が男性人口の多い都市であったことによる。江戸はほとんど何もない状態から、日本の中心地とするために作られた都市であり、もともとその工事のために多数の男が江戸に入ってきていた。また、各藩の参勤交代にしたがって江戸へやってくる武士や足軽のほとんどが、今でいうところの単身赴任であった。上方からやってくる大店の使用人、常に大火の後の復興に忙しい江戸でひと旗あげて故郷に錦を飾ろうと、単身でやってくる職人や商人なども集まってきた。「江戸っ子三代」といわれるような根っからの江戸っ子は三割しかいなかったという。特に江戸初期にはひと旗を目指す男が多く、男女の比率はほぼ三対一であった。一八世紀の前半では二対一、幕末になっても五対四にしかならなかった。江戸時代を通じて常に男性の比率が高く、なかでも単身の男性が多かったのが江戸の特徴でもあった。

こうした男たちの欲望を満たす社会の制度、つまり性欲を満たす遊郭、食欲を満たす外食文化が江戸の街で発達したのである。単身で江戸へやってきた男たちの食欲を満たしたのが、手軽に安く食べ物を扱う振売、辻売そして屋台などの外食であった。

店を構えた料理茶屋は、身分の高かった武士や裕福な商人など、少なくとも中流以上の人びとの外食の世界であった。職人や土方、商店へ住み込んでいる手代や丁稚《でっち》（年期奉公している年少者）など、江戸の人口の大半を占めていた人びとが外食をするところは、売り声を出して売り歩く振売と、道のかたわらに並ぶ屋台であった。

庶民の外食は振売から

開けたばかりの江戸では、食料品や燃料など日常の生活必需品を売る振売が早くから見られた。明暦の大火の二年後、万治二年（一六五九）三月の『町鑑《まちかがみ》』には、幕府が認可をしていた振売の種類が次のように書かれている。

許可札を発行する：煎茶売。

札なしで許可：舂米《つきごめ》売、麴《こうじ》売、油売、鰹節《かつおぶし》売、薪木売、串海鼠《なまこ》売、串鮑《あわび》売、鮭の塩引売。

五〇歳以上の老齢者、一五歳以下の少年、身体障害者に許可：肴売、菜売、果物売、塩売、あめ・おこし売、味噌売、酢・醤油売、豆腐・蒟蒻《こんにゃく》売、心太《ところてん》売、餅売、附木《つけぎ》売。

てんぷらの屋台とそばの振売　屋台と振売が江戸の庶民の外食を支えた（『柳樽』渓斎英泉）

魚や野菜などを煮て、すぐ食べられるようにして売る「煮売」には三通りの方法があった。行商をするもの、辻売といって人が大勢集まるところへ持っていって売るもの、場所を動かずに店を構えて商売をするものの三通りである。このなかでは、行商をして歩く煮売がまず江戸の街に現れた。

うどんやそばの煮売には、火を持ち歩かなければ商売にならないので、七厘《しちりん》に木炭の火をおこして持ち歩いて商売をしていた。大火の多かった江戸では、幕府も火の取り扱いには神経質になっており、火を持ち歩く煮売は厳しく規制されていた。寛文元年（一六六一）には、夜中に火を持ち歩く煮売をしてはいけないという禁止令が出されるほどであった。火災予防のために、煮売は暮れ六つ（午後六時）までとされ、夜の煮売はすべて禁止された。しかし、日中よりは夜のほうが商売になるので、禁止令は一向に守られず、江戸でも上方でも二更（午後九〜十一時）まで、なかには明け方まで売り歩く者もいた。

繁盛する屋台

商品を並べる台の上に、簡単な屋根をつけたものが江戸の屋台であった。屋台といっても現在のように車がついているわけではなく、組み立てたらそのまま置きっぱなしであった。大名行列が通るときなど必要に応じて屋台をたたんで移動していた。屋台に車をつけて、簡単に移動できるようになったのは明治時代に入ってからのことである。据え置きの屋台が江戸の街のなかに現れるのは、振売に比べればずっと遅れて、安永（一七七二〜八一）のころといわれる。しかし屋台の数はたちまちのうちにふえ、一〇年もたつかたたないかの天明（一七八一〜八九）のころには、目抜き通りの両側にずらりと並ぶほどになった。『守貞漫稿』には江戸の街の屋台の様子が次のように記されている。

屋台は据えたままで不要のときには他へ移動する。鮓《すし》とてんぷらを売る屋台が多い。その他の屋台もあるが、みな食べ物の屋台だけである。酒肴を売る屋台、菓子や餡餅《あんもち》を売る屋台などもあるが、鮓とてんぷらを売る屋台は夜間人の往来の多いところでは、一町（町は距離の単位。約一〇九メートル）に三〜四か所ある。

江戸の街に並んでいた屋台の種類は次のようなものであった。煮しめ、てんぷら、うなぎ蒲焼、すし、麦飯、おでん、餡かけ、焼き団子、焼きいも、ぼた餅、はじけ豆、ゆで卵、大福、水菓子、麦湯、そば、するめ、四文屋、などである。人通りの多いところでは、現代の祭りのときの屋台のように、これらの屋台が軒を接して並んでいた。明和五年（一七六八）に四文銭が新たに鋳造されてから、四文が小さな銭勘定の基本になって、物の値段も四文、八文、一二文というように、四文の倍数で決まるようになった。四文屋というのは主に煮しめや煮っころがしなどの食べ物を四文均一で売る屋台である。

そば、握りずし、てんぷら、うなぎの蒲焼きなど、今では日本料理の代表と見られている食べ物ももとをただせば、いずれも江戸の屋台からはじまった食べ物なのである。海外からのお客さんが来ると、てんぷらや握りずし、あるいはすき焼きの店へ案内することが少なくない。そんなおり、ホスト側の日本人は料理を説明するなかで、必ず「これは日本の伝統的な食べ物です」という一言をつけ加えるはずである。しかし、てんぷらも握りずしも一八世紀後半から明治までの間、単身の男性が屋台でつまむ食べ物であった。また、すき焼きの前身である牛鍋にいたっては底辺の食べ物とさげすまれていた。江戸の料理屋文化を支えていた身分の高い武士や、裕福な商人などは、屋台の食べ物を下賤な食べ物と見下していた。

新旧二つの伝統料理

日本料理という概念が生まれたのは、明治に入ってからのことである。江戸時代までは、藩という意識はあっても、日本国という意識はごく一部の上層の人たちしか持っていなかった。隣の藩が飢饉であえいで餓死者が出ていても、こちらの藩は知らぬ顔、各藩ごとに政治が行なわれていたのが江戸時代であった。料理についても同じで、江戸前の料理、上方の料理、あるいは薩摩の料理などなど、それぞれの地方の料理はあっても、それらを一括した日本料理という概念はまだなかった。しかし、幕末から明治時代にかけては、いやでも外国を意識しないわけにはいかなくなり、明治新政府の誕生によって、欧米に対する日本という意識がはっきりとするのである。そうなると、西洋料理に対する日本の料理という意識が生まれてくることも当然である。

幕末から明治初期にかけて固まってきた日本料理のイメージの基本になったのは、料理文化が華やかであった文化・文政（一八〇四〜三〇）のころ、八百善を筆頭とする料理茶屋の文化であった。当時の日本料理といえば一の膳から五の膳、ときには七の膳まで並ぶ本膳《ほんぜん》料理と懐石料理が主であり、一部の料理茶屋では会席料理を提供していた。懐石と会席、どちらもカイセキと読むために、両方とも日本料理の正式な膳組と思われているふしもあるが、両者の内容はあきらかに違っている。お茶会のおり、お茶をいただく前に食べるのが懐石料理であり、江戸時代の中ごろから、現在までとほとんど変わらない形で伝えられている。会席料理は江戸時代の後期にはじまった宴会や会食向けのコース料理で、店の経営方針を生かした自由な膳組である。懐石料理がお茶を嗜《たしな》むための料理であって、最初に飯と汁を食べるのに対して、会席料理はお酒をおいしく飲むための料理であり、飯と汁は最後に出てくるのが普通である。

文化・文政のころ、てんぷらも握りずしも道ばたの屋台で買い食いをする食べ物、いわば立ち食いのファースト・フードであり、まともな料理茶屋で扱える食べ物ではなかった。また、すき焼きの前身である牛鍋にいたってはまだ庶民の食べる料理にもなっていなかった。現在では、てんぷら、握りずし、すき焼き、いずれも日本の伝統的な料理として認められ、それぞれに一流とされる専門店がある。日本料理という概念が明治維新前後に生まれ育ってきたため、江戸時代の後期には併存していた料理茶屋の文化と屋台の文化、日本の料理文化の出発点が二重構造になったのである。片や懐石料理、一方はてんぷらやすしなどの屋台の食べ物、それぞれの流れを汲む料理文化が明治に入ってから別々に発展してきたのである。このようなわけで、てんぷら、握りずし、すき焼きなど現在では誰もが伝統料理と認めながら、懐石料理を食べさせる高級料亭では通常それらを提供しないのである。

(3)　屋台の人気食品、すしとてんぷら

寿司とてんぷらを生んだ江戸前の海

江戸前という言葉は今でも日常的に使われているが、具体的に東京湾のどの部分を意味するのか、諸説が入り乱れている。最初に「江戸前の海」の範囲を明確に示したのは「日本橋魚市場沿革紀要

（上）」であり、文政二年（一八一九）魚河岸肴問屋組合から幕府へ提出した文書には

江戸前と唱え候場所は、西の方、武州・品川洲崎一番の棒杭と申場所、羽根田海より江戸前海へ入口に御座候。東の方、武州・深川洲崎松棒杭と申す場所、下総海より江戸へ入口に御座候。右一番棒杭と松棒杭を見切りと致し、それより内を江戸海と古来より唱え来り候。

とある。ここに示された江戸前の海の範囲を、現代の地図に置きかえるならば、品川区東品川一丁目にある利田《かがた》神社から、江東区木場六丁目の洲崎神社を結んだ線の内側が、当時の江戸前の海である。

東京湾には今も昔も、多摩川、隅田川、荒川、中川、江戸川をはじめ、大小さまざまな河川が流れ込んでおり、流域の山野からさまざまな栄養分が、江戸の町から流れ出る生活排水などと一緒になって、江戸前の海に供給されている。江戸前の海は栄養成分を豊富に含んでおり、魚介類の餌となるプランクトンが大量に発生する豊饒の海であり、単位面積当たりの漁獲量では、当時の日本では一、二を争う漁場であった。この海で獲れる江戸前の魚介類は、公方（将軍）様の御膳にのぼる魚であり貝であった。公方様と同じ海で獲れる魚介類を食べていることは江戸っ子の誇りでもあり、「江戸前の魚」は産地ブランドのはしりであったといえよう。

ここで水揚げされた魚介類は直ちに、日本橋川の北岸で日本橋から江戸橋の間にあった魚市場へと運ばれ、中でも、小魚介は握りずしやてんぷらなどの屋台を営む者たちが仕入れ、食材として使っていた。江戸前という表現は獲れた場所を示すと同時に、食材の鮮度を示す言葉しても使われていた。

江戸のファーストフードとして、屋台から発達した握ずしやてんぷらは、この豊かな江戸前の海から揚がる新鮮な魚介類があったから生まれた食文化なのである。

なお、平成一七年（二〇〇五）、水産庁は江戸前の範囲を、東京湾全体と定義づけたので、現代では江戸前の海の範囲はおおはばに拡大されている。

すしの移り変わり

江戸の庶民が街角の屋台で気軽に食べ、かつスナック食品として人気の高かったのはすしとてんぷらであった。屋台のすしとてんぷらはどのように江戸の庶民に親しまれ、どのような変化をしてきたのであろうか。

すしは魚の保存方法の一つである「馴《な》れずし」として、中国から伝わって来た。現在でも琵琶湖の周辺で作られる「鮒《ふな》ずし」として、馴れずしの形が伝わっている。フナに塩をしてしめ、米飯と一緒に木の桶に漬け込み、その上に重石をのせて数か月のあいだ発酵させる。米飯のデンプンが乳酸菌によって分解されて乳酸が生じ、その乳酸の作用で腐敗菌の繁殖が妨げられ、フナは腐敗することなく保存できるのである。この馴れずしでは、米飯はドロドロのかゆ状になっているので、食べるときには米飯の部分は捨てて魚だけを食べる。

一五世紀ごろになると、馴れずしが熟成するまで何か月も待つことをしないで、つまり一～二週間漬け込んだだけで、まだ魚が生に近い状態で食べるようになった。このすしを「生《なま》なれ」という。こ

早ずしの屋台　握ったあと2～3時間押しをして、その後で1つずつに分けてすしを売っている（『江戸商売図絵』三谷一馬）

の段階では米飯はまだドロドロになっておらず、魚と飯とを一緒に食べることになる。魚のタンパク質の熟成によって生じた旨味と塩味が調和して、おいしくなっている米飯と魚を一緒に味わう食べ物になったのである。馴れずしの場合には捨てていた米飯を魚と一緒に食べるようになり、すしは主食と副食が一体となったスナック食品へと変身したのである。

一九世紀のはじめころには、生なれに酢を加えるすしの作り方が定着し、漬け込んでから二～三日ですしを食べられるようになった。酢を使って作るすしを「早《はや》ずし」と呼ぶようになった。関西の鯖《さば》ずしや小鯛ずしなどの押しずし、また箱ずしなど現在でも日本の各地に郷土料理として早ずしが伝わっている。振売や屋台が取り扱いはじめたころのすしは、この種のすしであった。酢をきかせた飯を握って上に魚の切り身をのせ、一個一個笹の葉で仕切って箱のなかに並べ、ふたをして二～三時間押しをして、その後に一つずつに分けたものであり、押しずしの一種であった。

江戸の握りずし

文化・文政（一八〇四～三〇）のころになって、江戸の街に握りずしが出現する。つまりすしの即席化が完成したのである。客の注文を聞いてからすしを握りはじめ、一分もたたないうちに客の目の前にすしをだす、握りずしは江戸の街ではかつて見られなかった、文字通りのファースト・フードであった。ちょっと立ち止まってつまんで食べる、屋台で取り扱う食べ物としても格好の食べ物であった。気の短い江戸の人びとの生活様式にあった食べ物として、握りずしは歓迎されたのである。握りずしが江戸の街に現れると、たちまちにして従来からの箱ずしは江戸の街から姿を消してしまった。その様子は、

江戸でも以前は京坂のように箱ずしであった。最近は箱ずしはすたれて握りずしだけである。握り飯の上に卵焼き、あわび、まぐろ刺し身、海老のそぼろ、小鯛、こはだ、白魚、たこなどを主にのせる。その他にもいろいろある。（中略）巻きずしのことを海苔巻といい、かんぴょうだけを入れる。

と『守貞漫稿』に書かれている。握りたてのすしをその場で食べられる握りずしは、屋台にとってまことにふさわしい食べ物であった。屋台のすしは江戸の庶民にとっては身近なものとなったのである。しかし、この当時の握りずしは江戸でこそもてはやされたものの、あくまでも江戸の郷土料理でしかなかったのである。

店を構えたすし屋の商売

天明（一七八一〜八九）のころになって、江戸の街に現れはじめた屋台では、あらかじめ握っておいたすしを売っていた。同じころ、店を構えたすし屋では予約を受けてからすしを握って売っていた。店のなかには客がすしを食べる場所を設けてなかったので、客は握ってもらったすしを重箱に入れて、家に持ち帰って食べるのが普通であった。

店を構えたすし屋のなかには、値段の高いすしを売り物にした店が現れるようになり、多くのすし屋が高級化路線をとった。五寸角の器にすしを入れ、器を二重に重ねたものが三両もしたと伝えられている。幕府高官への贈り物などに使われたのであろうが、多少の変動はあっても一両は四〇〇〇〜六〇〇〇文であったから、一個四文の屋台のすしに比べて、法外に高いものであった。やがて高級なすし屋は料理茶屋と同じように、座敷に客をあげてすしを食べさせるようになった。

生き残った屋台のすし

すしの文化は店構えのすし屋の系列と屋台のすしの系列が別々に発展してきたのである。明治維新を迎えると、政権を握ったのは薩長土肥の出身者で、しかもそれまでの下級武士の出身者がほとんどであった。明治政府の高官となった彼らは、日本料理についての知識も乏しく、江戸の郷土料理であった握りずしにはなじみがなかった。さらに新政府の方針である欧風化の波にのって、彼らは西洋料理へとなびいていったのである。幕府時代の顧客は維新を境に没落してしまい、すし屋を含めて日本料理を扱う店は息も絶え絶えであった。

このような状況のもとでは、高級化を進めてきたすし屋がたちゆかなくなるのは当然のことであった。店を構えて座敷に客をあげるすし屋の系統は次第にすたれ、江戸の庶民が愛好した屋台のすしの系統が現在のすし文化として生き残ってきたのである。明治・大正と続いてきた屋台のすしも、昭和に入ってからは公衆衛生上の理由で禁止されて姿を消してしまった。しかし、今でもどこのすし屋に入っても必ずカウンターがあって目の前で握ってもらえるが、これはまさに屋台のすしの食べ方の名残りである。

揚げたてを食べるてんぷら

江戸時代のてんぷらについて具体的に記した書物は、寛延元年（一七四八）に刊行された『歌仙《かせん》の組糸《くみいと》』（冷月庵谷水）が最初であり、次のように書かれている。

てんぷらは何魚にても温飩《うんとん》の粉（小麦粉のこと）まぶして油にて揚げる也。但前にあるきくの葉てんふら、また、牛蒡《ごぼう》、蓮根《れんこん》、長いもその他何にてもてんふらにせん時は、温飩の粉を水、醤油とき塗り付て揚げる也。直にも右の通りにしてもよろし、また葛の粉能《よ》くくるみて揚げるもな お宜《よろ》し。

書いてある内容からみて、てんぷらという料理も、てんぷらという呼び名も、この本が刊行される以前から存在していたことは確かである。

江戸のてんぷらは揚げたてのアツアツを食べるところに価値があり、揚げるそばから食べるのが理想とされていた。したがって、冷めてしまうと価値が下がってしまうので持ち帰りができず、進物や土産には向かなかった。そんなわけで、てんぷらはすしほどの発展は見られなかったが、江戸のてんぷらもまた屋台専門の人気スナック食品として江戸の庶民に愛好されたのである。

てんぷらは屋台専門の食べ物

前にも述べたように、天明（一七八一～八九）のころから、江戸の街にはさまざまな食べ物を商う屋台が現れてくるが、てんぷらの屋台もその一つであった。当時のてんぷらの調理法は、タネの魚介類を竹の串に刺して、小麦粉を水で溶いたころもをつけて揚げるだけであった。タネを串に刺すことによって、てんぷらを食べやすくするのと同時に手が油で汚れるのを防ぐように配慮されていたのである。てんぷらは「タネ七分に腕三分」といわれるようにタネの良否が決め手になる食べ物である。江戸の街には車エビ、アナゴ、イカ、ハゼ、キス、白魚、貝柱などの江戸前の魚介類が豊富であり、これらの安くて新鮮な魚介類は格好のタネであった。このように、てんぷらは誰にでも作れる簡単な料理であり、てんぷらを売る屋台の数もたちまちのうちにふえていった。

この時期にてんぷらが普及した理由として、油や小麦粉が出回ってきていたことも数えられる。しかしもっと大きな理由は、江戸の街には出稼ぎの単身者が多かったことである。激しい労働をしていた彼らにとって、カロリーが高く、腹持ちのよいてんぷらは、同時にタンパク質もとれる格好の食べ物であった。江戸前の新鮮な魚介類を揚げたてんぷらは、食べておいしいだけでなく、一串四文と安かった。揚げたてをおいしく安く食べられる屋台のてんぷらは、すしと並んで江戸の街のファースト・フードとして人気が高かった。

なぜ、てんぷらは屋台の食べ物であったのであろうか。唯一最大の理由は火事の心配であった。現在の統計でも、てんぷらは火事の原因の上位を占めているが、たび重なる大火に見舞われる江戸の街でも火災の発生を恐れて、幕府は家のなかでてんぷらを揚げることを固く禁じていた。自宅でてんぷらの商いをする場合でも、てんぷらを揚げるのは屋外でなければならなかった。このことは、ウナギの蒲焼きの場合と同じように、匂いを周辺にふりまくことになるので、通行人の食い気を引き起こさせる結果にもなった。このようにてんぷらはまさに屋台の商売にふさわしい食べ物であった。

てんぷらの屋台　二本差しの武士が顔をかくして、てんぷらを食べている（『江戸商売図絵』三谷一馬）

高級料理への仲間入り

屋台でしか売っていなかったてんぷらは決して品のいい食べ物とはいえなかった。黄表紙《きびょうし》や絵本の挿絵に描かれるてんぷらの屋台では、客として町人や丁稚《でっち》風の子供が多く描かれている。二本差しの武士が描かれていると、手ぬぐいなどで頰かぶりをしててんぷらを食べている。武士が屋台で公然と立ち食いをするのは、はばかられるような時代であった。

幕末になると本格的に店を構えたてんぷら屋が現れてくるが、何組もの客を一つの大部屋に入れる、いわゆる追いこみの座敷での営業であった。明治時代になっても店を構えたてんぷら屋と屋台のてんぷらは共存していた。一組一室のいわゆるお座敷てんぷらが現れてくるのは、大正時代になってからのことである。二つの部屋のあいだに揚げ場を設け、一方の部屋でのサービスがすむとふすまを閉めて、もう一方の部屋のふすまを開けてサービスをはじめる。追いこみの座敷ではできなかったサービス、つまり揚げたてのアツアツのてんぷらを客に食べてもらうやりかたを、そっくり座敷のなかに取りこんだのである。このサービス方式が開発されたことによって、てんぷらは高級料理の仲間入りをすることができたのである。現在でもてんぷら屋は揚げたてのアツアツをサービスするために、店内に屋台時代の名残りであるカウンターを残している店が多い。

第五章　「ひるめし」と麺類

(1)　麺類の伝来と発展

麺類は昼の食べ物

日本の食事内容の変化の一つとして洋風化ということがいわれて久しいが、これは副食の洋風化のことであり、日常の食卓ではあいかわらず主食と副食が健在である。主食としては米飯、麺類、パンのいずれかを食べるのが普通である。米飯は朝昼晩の三食、いずれの場合にも主食として食べられているが、麺類やパンを主食として食べる場は米飯に比べるとかぎられている。パンを主食として食べるのは朝食のときが多く、その他では家庭にいる主婦が買い置きのパンを昼食に食べたり、ＯＬが昼食にサンドイッチを買い求めるくらいであろう。夕食時にパンを主食とすることはきわめて少ない。一方、朝の食卓に麺類がのぼることもほとんどないであろう。また、一日三回の食事のなかでは一番ウェイトがおかれている夕食の際に、麺類が出てくることも多くはない。たまには夕食時の主食として麺類が食卓にのぼるが、それは鍋物の締めくくりとしてであったり、「うどんすき」のようにそれ自体がご馳走である場合が多い。そのほかには、昼にご馳走を食べたので、夜は軽く何かを食べておこうといった場合であろう。

休日に家族そろっての昼食にはスパゲッティやラーメンが、夏にはそうめんやざるそばなどが食卓にのぼる。ウィークデーの家庭の主婦の昼食は、朝の残り物ですませるか、残り物がなければパンやインスタントラーメンで簡単にすませることが多い。サラリーマンの昼食でも麺類の人気は高い。昼どきのラーメン屋や立ち食いそば屋はどこも満員である。麺類を食べるのは昼食のときが多く、少し誇張していうなら麺類は昼食用の食べ物である、といってもいいすぎではないであろう。

麺類をどのくらい食べているのか

日本人がうどんやそば、ラーメンなどの麺類を一年間に食べている回数がどのくらいなのか、それに直接答えてくれる資料を探しても目に触れてこない。年間で麺類を食べる回数がどのくらいであるのか大胆な推定をしてみよう。

いわゆるインスタントラーメンやカップラーメンなどの即席麺を除いて、生麺や乾麺を作るのに使われた小麦粉の量は平成一一年度で九二・一万トンである。また、同じ年度に生産されたソバ粉の量は五・一万トンであり、それを加えた合計数量の九七・二万トンの原料から生麺や乾麺が作られたわけである。市販の乾麺では多くの場合一食分は一〇〇グラムとして表示されていること、原料の小麦粉と乾麺の水分含量にはほとんど差がないこと、麺類の原料としては小麦粉やソバ粉のほかにはごくわずかの塩しか使わないことなどから、小麦粉あるいはソバ粉一〇〇グラムが麺類としての一食分に相当すると推定しても大きな誤りはないであろう。九七・二万トンの小麦粉とソバ粉は、九七・二億食分の麺類に相当することになる。

幸いなことに、即席麺の場合は食数での統計が公開されており、平成一〇年度の生産数量は五一・七億食である。これに生麺と乾麺の食数を加えると、なんと日本人は一年間に一四八・九億食もの麺類を食べていることになる。この数字のなかには、麺類の専門店などで手打ちや手のべで供される麺類の食数、および輸入されたスパゲティなどの数字は含まれていない。それらを考慮すれば日本人は一年間で一五〇億食以上の麺類を食べていると推定しても、実態から大きくはずれることはないであろう。一五〇億食という数字は、一人平均に換算すると月に一二・五回も麺類で食事をしていることであり、また麺類が二〜三日に一回というきわめて高い頻度で現代の食卓に登場していることを示している。

麺類はいつ食生活に入ってきたのか

麺類の好きな日本人であるが、日ごろよく食べる麺類といえば、そば、うどん、そうめん、中華そばの四種であり、日常生活のなかでいずれも昼食としてよく食べられている。この四種類の麺がいつごろどのようにして、どのような順番で日本人の食生活のなかに入ってきたのであろうか。

そうめん

奈良時代に唐から伝わってきたものの一つに唐菓子《からくだもの》と呼ばれる食べ物があった。平安時代から鎌倉時代にかけての料理法などについて書いてある『厨事類記《ちゆうじるいき》』によれば、唐菓子の作り方は、

米を粉にしてダンゴ状にし、熱湯のなかでゆでる。取り出して臼に入れて搗き、取りだしてものの形に作る。作ったら油でせんじる。小麦粉も使うべし。

とされている。この唐菓子のなかに索餅《さくへい》と餛飩《こんとん》の名前が見られるが、この二つがそれぞれ「そうめん」と「うどん」のルーツであるとする説がある。

中国から伝わってきたころの索餅が、具体的にどういうものであったのかについては意見が分かれている。一つは『厨事類記』にあるように油で揚げた菓子であるとする説、もう一つは麵類に近いものであるとする説である。唐菓子として伝わってきたころの索餅の形は、練った粉を手で延ばして二つ折りにして捻《ねじ》り合わせたもので、その形は縄のようであった。そのため中国では索（なわ）のような餅（中国では小麦粉製品のこと）という意味で索餅と呼ばれていた。この索餅を日本では「ムギナワ」と呼んだ。漢字で表わせば「麦縄」である。『今昔物語集』には「別当《べつとう》の麦縄が蛇になった話」がある。別当とは僧職の一つであるが、その別当が食べ残した麦縄をしまっておき、翌年になってから思い出して開けてみると、麦縄が蛇になっていたというのが話の筋である。当時の麦縄は蛇に化けるくらいの太さがあったのであろうか。索餅をそうめんのルーツであるとする説を否定するにも肯定

するにも、その根拠が少ない。

鎌倉時代に入って、臨済宗と曹洞宗が中国から伝わってくると、禅宗とともに多くの文化も伝えられた。そのなかには点心と呼ばれる禅寺での食べ物も含まれていた。点心とは修行中の禅僧が朝夕二回の食事のあいだにとった間食のことである。室町時代に刊行された『庭訓往来』のなかには点心の名前として饂飩《うんどん》、索麺《そうめん》、碁子麺《きしめん》などの名前が見える。間違いなく、この饂飩は現在の「うどん」につながっており、索麺は「そうめん」につながっていると考えられている。

索麺は小麦粉だけで作るまったく新しい手延べの麺であった。中国で元（一二七一～一三六八）の時代に出版された『居家必要事類全集』に索麺の作り方がのっている。当時の作り方は次のとおりであった。

小麦粉を塩水で練り、表面に油を塗って板の上でもむようにしながら、鹿のアキレス腱ほどの太さ（四～五ミリ）に延ばす。それを油紙でおおって、いっとき寝かせる。この後、木の管にかけて引き伸ばして乾燥させる。

大和三輪素麺　そうめんを引き延ばし、乾燥させている（『日本山海名物図絵』）

この製法が索麵の作り方の基本となり、その後に改良が重ねられ、早くも室町時代のはじめころには、現在の手延べそうめんの作り方が完成していた。そうめんを作るのにはかなり高度の熟練が必要であったので、この時代には早くも職業として専門化しており、「そうめん師」と呼ばれる専門職人がいたことが知られている。

うどん

奈良時代のころに中国から伝わってきた唐菓子《からくだもの》のなかに餛飩《こんとん》があり、それが現在の「うどん」のルーツだとする説がある。この当時の餛飩は、小麦粉を練ってうすく延ばした皮に細かく刻んだ肉や野菜の餡を包み、汁のなかで煮て食べるものであった。現在のワンタンや水ギョーザに似た食べ物であったことがわかっている。汁のなかでコロコロとして捕まえどころがなかったので混沌と呼んでいたが、食べ物であるので後に食偏に書きかえて餛飩になったと伝えられている。肉や野菜の餡を小麦粉の皮で包んだワンタン、つまり餛飩とひも状に細く長い現在のうどんとはどうしても結びつかない。餛飩ルーツ説にはどうも無理がある。

そうめんのところでも述べたが、鎌倉時代に中国から伝わってきた点心の一つである饂飩《うんどん》がうどんのルーツである。小麦粉を練って、麵棒でうすく延ばし、庖丁で細かく切って作る麵が現れてくるのは、鎌倉時代の末期から室町時代にかけてであった。手で引き延ばして作る索麵に対して、当時はこれを切麦《きりむぎ》と呼んだ。当時すでに現在のうどんと同じ作り方で切麦が作られていたのである。

切麦をゆでて、熱いうちに食べるのが熱麦《あつむぎ》、冷やして食べるのが冷麦《ひやむぎ》、そして熱い汁に入れて食べるのをうどんと、食べ方によってそれぞれの呼び名があった。「うどん」という呼び名に一本化したのは江戸時代に入ってからのことである。寛永二〇年（一六四三）に刊行された江戸時代最初の料理書である『料理物語』にうどんの作り方が記されている。

うどん　粉いかほどうち申候共、塩かげん夏はしほ（塩）一升に水三升入れ、冬は五升入て、その塩水にてかげんよきほどにこね、うす（臼）にてよくつかせて、玉よきころにいかにもうつくしく、ひゞきめなきやうによく丸め候てひつ（櫃）に入れ、布をしめしふた（蓋）にして、風のひかぬやうにしてをき、一つづゝ取出しうちてよし、ゆでかげんはくひ（食い）候て見申候

ここに書かれている作り方は、現在のうどんの作り方とほぼ同じであり、江戸時代の初頭にはうどんの作り方が完成していたこともわかる。

そば

静岡県の登呂遺跡からソバの種が出土したことからもわかるとおり、ソバは弥生時代の昔から栽培されていた。いちばん古いソバの食べ方はそば粥《がゆ》であった。ソバの実から殻を取り除いた玄ソバを水に浸けてトロ火で煮たのがそば粥である。このそば粥は、四国の祖谷《いや》地方でいまも作られている。

鎌倉時代、点心とともに小麦を挽くための石臼も伝わってき、ソバ粉を挽けるようになった。ソバ粉を湯で練ってそのまま味噌や醬油のたれにつけて食べるのが「そば掻き」、ソバ粉を湯で堅めに練

って丸めれば「そば団子」になった。そば掻きをうすく延ばして山菜や漬物などのあえ物を餡として包み、いろりの焼けた灰のなかに埋めて焼き上げたのが「焼き餅」である。この焼き餅はどこへでも持ち運びが容易なので、農作業時の昼食として持ち運ぶのに便利であった。

うどんは早くから細長い切麦として食べられていたが、そばが細長くなるのには時を待たなければならなかった。ソバ粉は小麦粉とちがって、水でこねても粘り気がでないのでまとまりにくく、うどんのように細長く切ってゆでるとバラバラにちぎれてしまうからである。なんとかうどんのように細長くして食べようと、努力が積み重ねられてきた。『料理物語』には、そば切りの作り方として、「めしのとりゆ（取り湯）にてこね候て吉《よし》 又はぬる湯にても又とうふ（豆腐）をすり水にてこね申事もあり」と書かれている。重湯のような取り湯やぬるま湯を使ったり、豆腐をすって水を加えたものを使うなど、そば切りを作るときのつなぎにいろいろと工夫を重ねていた様子がみてとれる。

この問題を解決してくれたのが朝鮮から帰化してきた元珍という僧侶であった。彼は、寛永年間（一六二四〜四四）に奈良の東大寺にやってきて、ソバ粉につなぎとして小麦粉を混ぜて「そば切り」を作ることを教えた。これが現在のそばのはじまりである。これ以降もつなぎにはいろいろと工夫がなされ、小麦粉のほかにもヤマイモや鶏卵などが使われるようになった。

中華そば

小麦粉を麺にして食べることは、もともと中国の漢民族によって発明された調理法である。麺の原料となる小麦が石臼とともに、シルクロードを通って西域から華北地方に伝わってきたのは前漢（紀元前二〇二～後八）の末のころといわれている。伝来した当時の小麦粉の食べ方は、水でこねて小さくちぎり、手のひらで押さえて平たくし、ゆでて食べるスイトン状の食べ物であった。小麦粉を水でこねて、麵らしくひも状に延ばしたものが中国の記録の上に現れるのは、後漢（二五～二二〇）の時代になってからであり、華北地方の豪族の生活を書いた『四民月令《しみんげつれい》』のなかに、中国では小麦粉で作った食べ物を意味する「餅《ピン》」の文字が現れる。

中国には「麵《ミエン》」という料理はない。麵とは「小麦粉または小麦粉を原料として作られる食品」を意味する。うどんのようにひも状に細くしたものを麵条といい、ギョーザの皮のように平たく延ばしたものを麵片または麵皮と呼んでいる。この麵条の作り方は大きく分けると、拉麵と切麵の二つに分けられる。

拉麵の「拉」は引っ張る、引き延ばすという意味で、練った生地をひも状に引き延ばしていって麵を作る。拉麵とは手延べの麵のことである。切麵は練った生地をうすくおし延ばしてから、刃物で細く切って作る。切麵は手打ち麵のことである。拉麵は華北地方の麵の作り方であり、切麵はもっともポピュラーな麵の作り方で中国全土に普及している。

中国では、拉麵でも切麵でも具に豚肉などをのせて、豚や鶏のガラでダシをとったスープをかけて食べる。江戸時代までは肉食をタブーとする食習慣が強く残っており、麵を動物性のスープと豚肉で食べる、いわゆるラーメン風の食べ方は、明治の時代を迎えるまでは日本人には受け入れられなかった。

開国してからは、西洋人と一緒に香港などから中国人もやってくるようになり、横浜、神戸、長崎などに彼らが集まって住みつき、しだいに南京町（後に中華街と呼ばれる）ができあがってきた。南京町では、同郷人のために中国料理の店を開く中国人も現れてきた。このような中国料理の店のメニューのなかで、日本人にいちばん親しみやすかったのはスープに入った麵類であった。こうして、徐々にではあるが、中国の麵の食べ方が日本人の間にも広まっていったのである。

麵類を古い順に並べると

唐菓子の一種として伝わってきた索餅がそうめんの元祖であるのかないのか、結論がはっきりしているわけではない。しかし、二本のひも状の麵をよじりあわせたような形、蛇に化けたほどの太さなどから、索餅が手延べそうめんのルーツであるとすることには疑問符をつけたい。また同じように唐菓子の一種である餛飩をうどんのルーツとするのには大きな無理がある。

そうなると、日本最初の麵類は鎌倉時代に禅宗とともに中国から伝わってきた「うどん」と「そうめん」ということになる。日本の本格的な小麦粉食はこのときにはじまったのである。引き続いて、室町末期から戦国時代にかけて、「そば切り」が登場し、江戸時代に入ってから小麦粉をつなぎとして使うことを学んで、今日の「そば」が生まれた。

明治時代には「中華そば」は伝わってきていたが、中華料理そのものの普及が進まず、中華そばを人びとが口にするようになったのは大正時代に入ってからのことであった。

小麦粉食の復活

一度は唐菓子として伝わってきた小麦粉食であるが、平安時代には忘れ去られてしまった。禅宗の伝来とともに、小麦粉を食べる習慣が禅寺で復活し、点心が町人や農民の間に普及してゆくにつれて小麦粉食も社会へと広まってゆくのである。鎌倉時代のなかばころから、水田の裏作として麦の栽培が盛んになったことも、小麦粉食が普及する大きな要因となった。『庭訓往来』には、麺類として饂飩・索麵・棊子麵、餅類（中国では小麦粉製品のこと）として巻餅・温餅、饅頭類として菜饅頭・砂糖饅頭など、小麦粉で作る点心の名前が数多く見られる。

江戸時代に入って、各地で城下町が発達してくるにつれ、城下町へ食料を安定供給するシステムを作り上げることが重要になった。幕府が奨励したのは、一つは新しい水田を開墾すること、つまり米の収穫量をふやすことであり、もう一つは水田の裏作として麦の栽培を奨励することであった。裏作で増産させた麦を米の代わりに農民に食べさせ、年貢として徴収する米の量を増やそうともくろんだのである。そのために、幕府は水田の裏作には租税を軽くするなど、裏作に対する奨励策をとっていた。

農民は大麦を自分で食べる作物として、小麦は換金作物として栽培していた。農民は小麦の栽培に

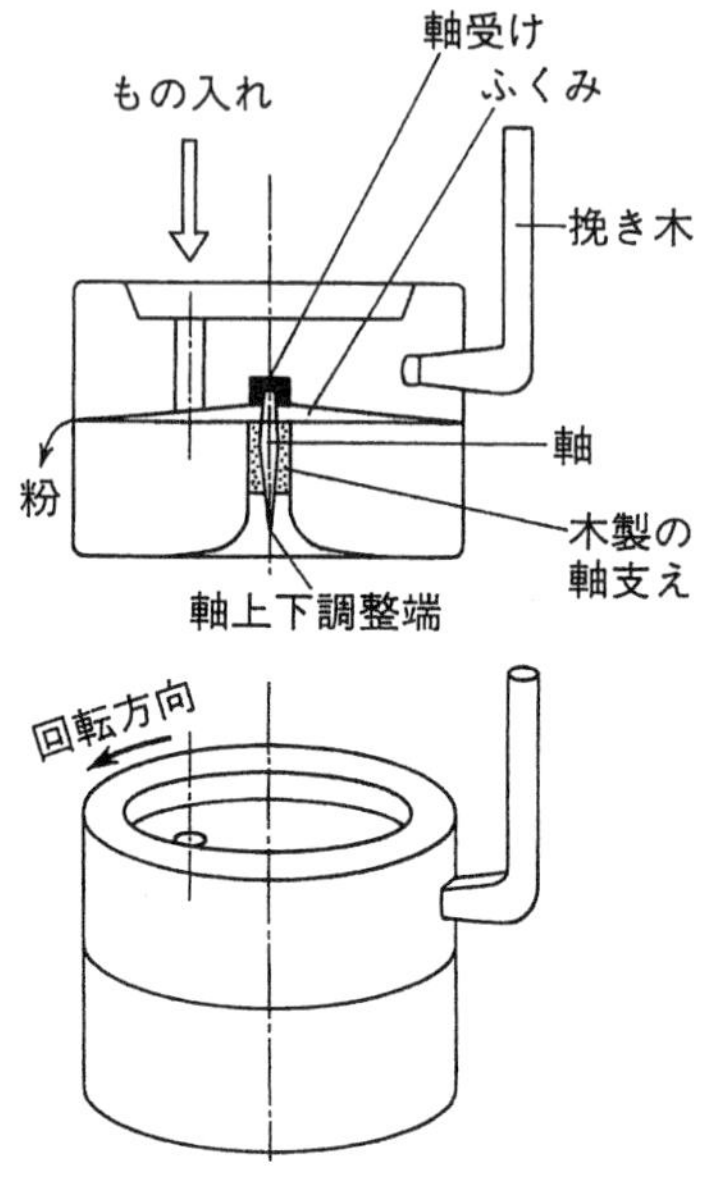

石臼の構造（『粉の文化史』三輪茂雄）

努めたので、江戸や大坂をはじめ城下町に入ってくる小麦の量は年々ふえていった。こうして、うどんやそばは城下町に住む人びとにとっては屋台で食べるスナック食品となり、江戸庶民の人気を博するようになった。一方、農村では売れば金になる小麦は貴重な食べ物であり、自分の家で食べるのはできるだけ控えるのは当然であった。したがって、都市ではうどん・そばが隆盛をきわめるのとは対照的に、農村では「麺類はハレの日に食べるごちそう」であった。

農村まで石臼が普及

戦国時代から江戸時代にかけて農村に石臼が急速に普及していったのは、麦や雑穀そして年貢を収めたあとに残るくず米などを粉にして食べるためであった。臼と杵で粉を作るより、石臼のほうがはるかに粉にする能率がよい。特に、くず米で炊いた米飯はベチャベチャしておいしくないが、これを石臼で挽いて粉にしてから団子を作れば、一応おいしく食べられる。こうして、石臼は農村の必需品となり、農村のすみずみまでいきわたるのである。その様子が天和二年（一六八二）の『百姓伝記』に次のように書かれている。

石臼は農民の世帯道具の中で第一に重宝なものである。五穀、雑穀を挽いて粉にするのに、臼で搗いたのでは能率が悪い。石臼にも善し悪しがある。柔らかな石で作った石臼では砂が混じるので、食物にはつかいにくい。今ごろでは摂津国のみかげ石、伊豆石で作ったのが上等である。

(2)　うどんからそばへ

江戸の初期はうどんの天下

そばといえば、いかにも江戸っ子の食べ物と思いがちであるが、元禄時代（一六八八〜一七〇四）までは、江戸の街はうどんの天下であった。そばを食べさせる店でも、看板には「うどん・そば切り」と、うどんが先に書かれていた。元禄二年に出された触書《ふれがき》には「以前命じたとおり、饂飩、蕎麦切り、その他何によらず火を持ち歩いて商売することを禁止する」とあり、麺類ではうどんが主力であったことを示している。また、江戸時代を通じてそば職人の口入れ屋、現代風にいいかえれば職業紹介所が「饂飩杜氏宿」と呼ばれていたのも、うどんが中心であったことの名残りである。このように当時の江戸の街ではうどん屋が主流であり、そばはうどん屋で食べるものであった。江戸時代のは

麺類処の行灯
うどん、そば切りの順に書かれている（『守貞漫稿』）

じめころ、江戸の街づくりのために大勢の職人や人足が働いていたが、彼らが食べていたのはそばではなく、うどんだったのである。

菓子屋で作っていたそば

麺類としてのそば、つまり団子状にして食べるそば掻きに対してのそば切りを食べたもっとも古い記録は『慈性日記《じしょうにっき》』と目されている。慈性は近江多賀神社の社僧で、慶長一九年（一六一四）から寛永二〇年（一六四三）までの三〇年間にわたって日記を記している。その冒頭に近い慶長一九年二月三日の条には「（江戸の常明寺で）ソバキリを振る舞われた」という記述がある。書き方から特に珍しがっているともみえず、慶長年間（一五九六～一六一五）には江戸でそば切りが食べられていたことはもちろん、そば切りの起源がそれ以前にまでさかのぼることは確かである。

そば粉に小麦粉を加えてそば切りを作るようになる以前は、せっかく打ったそばも湯のなかでゆでているあいだにちぎれてしまうので、そば切りは蒸して作るのが普通であった。そばをセイロに盛るのは水を切るためと考えがちであるが、実はそうではないのである。そばを蒸して作っていたころの名残りで、今でもそばはセイロに盛られているのである。セイロの簀《す》は底に敷くのが普通であるが、もりそばのセイロは完全な上げ底になっている。天保年間（一八三〇～四四）に、そば屋がお上《かみ》に値上げを陳情したところ、値上げは認められなかったが、セイロを上げ底にしてもかまわないという実質的な値上げが許可されたのである。これがそばのセイロが上げ底になっている由来である。

貞享元年（一六八四）の『雍州府志《ようしゅうふし》』（黒川道祐）に、「京都の有名な菓子屋である虎屋、二口屋などが麵類を商い、好評を博していた」という記述があるように、元禄時代（一六八八〜一七〇四）まで、そば切りを作るのは菓子屋の副業であった。粉を練ったり延ばしたりするのは菓子屋が得意とする仕事である。また、和菓子を作るためにはセイロで蒸さなければならない。年中セイロで蒸して和菓子を作っている菓子屋でそばを蒸していたのである。

うどん屋と屋台のそば

小麦粉をつなぎとして使ってそばを打つ方法が定着し、そばをゆでて作るのがそば作りの本流になった。この時期になると、そば作りは菓子屋の仕事ではなくなり、ゆでることが本業のうどん屋がそばを扱うようになったのである。

幕府こそおかれていたものの、庶民の街でもあった江戸では、凶作に見舞われやすい北関東や東北地方をひかえていたので、備荒食として栽培されていたソバは、そば粥《がゆ》やそば搔きなどとして、なじみの深い食べ物であった。そんなわけで、そば切りの作り方が確立するにつれて、江戸ではそばの人気が上がっていくのである。

江戸時代の中期になり、江戸ではそばの売れ行きが好調になってくると、うどん屋はそば屋に看板がえをし、そば屋がうどんを扱うようになった。そば切りを看板にしたそば屋が江戸の街に現れたの

店構えのそば屋（『江戸商売図絵』三谷一馬）

は、寛文四年（一六六四）瀬戸物町の信濃屋が最初であったという。やがて、そば切りは江戸庶民の間にすっかり定着し、『守貞漫稿』に、「この頃は江戸では蕎麦屋が一町（約一〇九メートル）ごとに一軒はある、繁盛していないところでも四〜五町に一軒はある」と書かれるほどになる。万延元年（一八六〇）の記録によると、屋台や行商を別にして、江戸全体で三七六三軒のそば屋が店を構えていたという。人口一〇〇万人の江戸市中に約四〇〇〇軒のそば屋があり、そのほかにもそばの屋台や振売があったわけで、そばがいかに江戸の住人に好まれていたかがわかる。

　長屋住まいの庶民は屋台のそばを食べていたが、少し裕福な町人になると買い食いはいやしいことであるとして、屋台は利用しなかった。店を構えたそば屋ではそばだけでなく酒も提供しており、現在のスナックに代わる機能も持っていたのである。

江戸のそばの品質

江戸でそば切りが好まれるについては、栽培されるソバの品質が良かったことも大きな要因の一つであった。元禄一〇年（一六九七）に出版された『本朝食鑑』（人見必大《ひとみひつだい》）は、当時のソバの品質について次のように書いている。

蕎《そば》は四方どこにもある。東北に最も多く産し、質も良い。西南は少なくて佳くない。夏の土用の後に種をまき、八・九月に収穫する。早く収穫するのを新蕎麦という。信州および上野《こうずけ》（群馬県）では三・四月に種をまいて六・七月に収穫するものがあり、これを珎（珍）と賞している。ほかに下野《しもつけ》（栃木県）・佐野・日光・足利等の処、武州（東京都、埼玉県及び神奈川県の一部）、総州（千葉県）、常州（茨城県）でも多く産して佳品であるけれども、信州の産には及ばない。というのは、蕎の性は霜雪に最も敏感なので、信州以北の諸州の産は佳いとはいえないのである。

味噌の味から醤油味へ

うどんやそばはどのような味つけで食べられていたのであろうか。先にも引用した『料理物語』には「うどん」の汁として「汁はにぬき（煮抜き）又たれみそ（垂れ味噌）よし」とある。また「そば」の食べ方として「汁はうどん同様」と書かれている。煮抜きと垂れ味噌についても『料理物語』は次のように説明している。煮抜きとは、味噌一升に水三升を入れて揉んでから袋に入れておき、垂れてきた液体にかつおを加えて煎じてから漉したものである。垂れ味噌とは、味噌一升に水三升五合を入れて煎じて三升まで煮詰め、袋に入れて垂れてきた液体のことである。江戸時代の前期、つまり醤油が普及する以前には、うどんやそばは味噌をベースにした汁で食べていたのである。

麺類の普及に大きな役割をになったのが、醤油の普及であった。麺類は醤油とセットになって発達してきたといってもいいすぎではない。醤油は室町時代にその原型ができあがり、江戸時代の中期になると醤油の普及がすすみ、料理屋はもとより屋台や行商でも使われるほどにまで普及していた。享保（一七一六～三六）のころになっても、関東産の醤油は品質・味が劣るとされており、江戸の醤油市場の八割くらいは上方からの下り醤油で占められていた。享保一一年に上方から江戸に入ってきた醤油の量は四斗樽で一三万二八〇〇樽（九五六万リットル）であり、当時の江戸の人口を一〇〇万人とすると、一人一年間で九・六リットル（一升瓶で五本強）の下り醤油を使っていた計算になる。上方からの醤油が八〇パーセントとすると、計算上では一年間に一人一二リットルもの醤油を消費していたことになる。総務庁から毎年発刊されている『家計調査年報』によれば、平成一〇年度の一世帯あたりの醤油の購入量が九・七リットルである。一八世紀の江戸ではいかに多くの醤油が使われていたかがわかる。このように醤油が大量にしかも安く出まわり、庶民にも容易に手が届くようになり、ほとんどの料理の味つけに醤油が使われるようになった。麺類の普及もまさにこの醤油普及の波にのったものであった。

もり・かけ・ざるの呼び名

元禄（一六八八～一七〇四）のころから、いちいちそばを汁につけないで、椀に入れたそばに熱い汁をかける食べ方が生まれてきて、この食べ方を「ぶっかけそば」と呼ぶようになった。それが次第に省略されて「かけそば」、さらには単に「かけ」といわれるようになった。そばに汁をかけて食べるのは下品な食べ方とされていたが、人足たちが立ったままで食べられるように、冷やかけにして出したのがはじまりとされる。やがて、寒い季節になるとそばを温め熱い汁をかけて出すようになったものである。これなら器も一つですむと重宝がられ、やがて江戸の街に広く普及するようになった。振売や屋台ではこの「かけ」を食べさせていた。

「かけ」が普及してくるにつれて、それまでの汁につけて食べるそばを区別して呼ぶ必要が生じてきた。従来からの食べ方は、そばをセイロに高く盛り上げてあるので、「もり」と呼ぶようになった。「ざるそば」の元祖は、江戸時代の中期、深川洲崎にあった伊勢屋が、セイロの代わりに竹の小さなざるに盛ってだすので「ざる」と呼んだのがはじまりといわれる。江戸時代の「ざる」は、間違いなくざるにのせたそばが供されていたのである。現在のように「もり」とは形の異なったセイロにそばを盛って、もみ海苔をかけたものを「ざるそば」と呼ぶようになるのは明治に入ってからのことである。江戸時代から一流のそば屋は「もり」専門で、特に注文されないかぎり海苔をかけることはずっと後までしなかったという。海苔の匂いで、そばの香りが消されないように、そばのほのかな香りを楽しんでもらうためであった。

幕末も近くになると、「かけ」の上にいろいろなタネをのせた加薬《かやく》そば、つまりタネものが工夫され、そばの新しい魅力が生まれてきた。「あられ」はバカガイの貝柱をタネとしてのせたもの、「花まき」はかけそばにもみ海苔を散らしただけのもの、「しっぽく」は大きな平椀に盛ったそばの上にいろいろなタネをのせたものであった。これらは今ではほとんど姿を消してしまった。一方で、「てんぷら」「あんかけ」「鴨南蛮」など現在も好まれている加薬そばもある。

関東大震災とそば屋の変貌

西洋文明一辺倒であった文明開化の波にも耐え、日清・日露の戦争を経て、日本の社会が近代化へ向かって離陸しはじめても、そば屋は江戸時代からの古風な伝統を守りつづけてきた。大正時代に入っても、店の構えは変わらず、土間から下足を脱いで畳敷きの広間に上がってそばを食べる、昔ながらのつくりのままであった。江戸時代からの庶民性は失われず、手軽なスナックとして現在の喫茶店のような役割もはたし、またちょっと一杯の酒を飲む場合にも格好な場所であったという。

江戸の面影を色濃く残してきたそば屋のたたずまいが一変したのは、大正一二年（一九二三）九月一日の関東大震災をきっかけとしてのことであった。震災はそれまで東京の市中に残っていた江戸の面影を一掃して、東京を近代的な都市へと変えていった。下足を脱いで、座敷に上がって食べるのが普通であったそば屋でも、震災以降は、他の飲食店と同じようにテーブルと椅子式に変わり、履物をはいたまま食べられるようになった。さらには、扱うのも麺類だけではなく、カレーライスや親子丼、かつ丼などの飯類も品書きに加わるようになった。関東大震災をきっかけとして、現在とほとんど同じスタイルのそば屋が生まれてきたのである。

第六章　国民食のカレーライス

(1)　スパイス文化の受け入れ

「ひるめし」の人気メニュー

日本の近代化が進んできた大正時代、農村部での変化はゆるやかであったが、都市部での生活は大きく変化してきた。都会ではサラリーマンと呼ばれる勤め人がふえてきた。そのなかには弁当を持参しないで、昼食を近くの店で食べる者も目につくようになった。大正時代もなかばを過ぎるころには、大衆食堂も普及してきており、弁当を持たなくても昼食に不自由することはなくなっていた。当時、彼らが好んで食べた昼食の両横綱は、そば・うどんなどの麵類とライスカレーであり、街のあちこちに生まれた大衆食堂での売上げ第一位はライスカレーであった。

明治から大正にかけて開業した西洋料理の店にとって、ライスカレーは品書きのなかでも大切な一品であった。「カレーを食べなきゃモダンじゃない」といった風潮もあり、カレーは「近代人の食べ物」として都会の人びとのあいだに定着していった。大正一三年（一九二四）、東京の神田須田町に、

「簡易洋食」とのれんを掲げて須田町食堂が開店した。半年後には京橋の交差点に支店を開き、さらに翌年には四店もの支店を出すという盛況ぶりであった。創業当時のベストセラーはライスカレーとカツレツであったという。当時の外食のなかでも、ライスカレーは人気ナンバーワンの地位を占めるほどになっていたのである。このころになると、ライスカレーは洋食屋だけのメニューにとどまらず、そば屋の品書きにも登場するようになり、ますます庶民の食べ物となっていくのである。

第二次大戦後の混乱期も過ぎた昭和三〇年代に入ったころから、外食産業は発展期を迎えることになる。戦前に比べれば外食産業で食べさせる料理の種類は大幅にふえたが、大衆食堂や社員食堂などの入り口に置かれたショウケースには、必ずカレーライスの見本が並んでいる。現在でもカレーライスは昼食の人気メニューの一つであり、ラーメン、そばと並んでサラリーマンの昼食のベストスリーになっている。

カレーライスは、サラリーマンにとっては昼食の一品であるが、家庭ではカレーライスを喜ぶ子供たちが食卓に集まるとき、つまり夕食どきに食べることが多い。母親にとってもカレーライスは子供が野菜をたくさん食べてくれて、しかも作るのに手のかからない好ましいメニューである。そんなわけで、昼食にカレーライスを食べたサラリーマンが、家へ帰ってみると夕食もまたカレーライスという悲喜劇がときたま発生するのである。ほかの食べ物ではこのようなことはほとんどおこらない。見かたをかえれば、カレーライスを食べる頻度はそれほど高いのである。

日本の辛味の食べ方

これほどまでによく食べられているカレーライスも、日本人が口にするようになったのは明治時代に入ってからのことである。日本に伝わってから一三〇年あまりしかたっていないのに、カレーライスは国民食になった観があり、老若男女を問わずカレーライスが嫌いという人は稀である。カレーライスはどうしてこんなに幅広く受け入れられているのであろうか。

日本での本格的な辛さを味わう文化は、寛永年間（一六二四〜四四）に江戸両国の薬研堀《やげんぼり》に住む中島徳右衛門が、「七色唐辛子」を売り出したのがはじまりであろう。この七色唐辛子という呼び名は、やがて上方の呼び方「七味唐辛子」に統一されてしまう。おろしワサビも江戸時代の中期にはそばつゆに、後期に入ると握りずしにも使われるようになる。このワサビと七味唐辛子が江戸の辛味の文化の中心にあった。そばやうどんを食べる場合には、七味唐辛子やワサビを入れるか

七味唐辛子屋　七味の効能をのべながら、客の注文に合わせて調合する（『江戸商売図絵』三谷一馬）

入れないか、どのくらい入れるかは食べる人が決めることであった。握りずしの場合でも、ワサビ抜きで握ってもらうこともできる。江戸時代までは、辛味は食べる人が好みによってその程度を決める味であった。ところが、辛味に強弱はあっても、カレーライスは辛味なしでは成り立たない食べ物である。その辛さは料理する人が決めるのであって、食べる人は決められた辛さを味わうことが前提になっている。このように従来の辛味文化とは辛味の味わい方が異なったカレーライスが、明治以降の一三〇年あまりのうちに、どうして国民食にまで成長したのであろうか。

江戸時代の香辛料

江戸時代まで続いた日本の香辛料の文化の上に、新しい辛味文化としてカレーライスが入ってきたのである。そこで、カレーライスの話に入る前に、江戸時代までの香辛料の文化について考えておく必要がある。

日本でも古くから薬味や吸口《すいくち》として香辛料は使われてきた。煮物、焼き物、あえ物など固形の食べ物に添えられる香辛料が薬味、汁物など液状の食べ物に浮かべるのが吸口である。吸物に入れるユズの皮、煮魚に添えるサンショウの葉など、料理ができあがってからの添え物として使われることが多い。薬味や吸口は主材料ではなく、添え物であり、素材の味や香りを引き立てるものであって、それ以上のはたらきをしてはならないのである。

薬味や吸口があるとはいうものの、日本の料理ほど香辛料と縁の遠い料理も珍しい。昔から使われている日本の香辛料といえば、トウガラシ以外は八百屋で売っている生ものがほとんどである。ネギ、セリ、ミョウガ、シソ、ミツバなど、野菜としても使われ、薬味としての使い方との境界がはっきりとしないものが多い。焼き魚に添えられた大根おろしはあきらかに薬味であるが、大根おろしにシラス干しを添えた場合の大根を薬味とはいえない。昔からの日本の香辛料は、このように野菜との間の境界が実にあいまいであるし、見かたを変えれば、刺激がそれほど強くない香味野菜を香辛料として使ってきたのである。

日本の香辛料の使い方は、あきらかに西欧でのスパイスの使い方とは違っていることは確かである。たとえば、もっともスパイスらしいスパイスが日本の香辛料には欠けている。コショウ、シナモン、クローブ、ナツメグは世界の四大スパイスと呼ばれ、スパイスの代表的なものであるが、日本料理にはほとんど使われることがない。わずかにコショウが吸口に用いられたり、シナモンが菓子の香りづけに使われるくらいである。現在でも、クローブ、ナツメグにいたっては味も香りも知らない人が少なくない。日本にも、コショウをはじめとするスパイス類は伝わってきていたが、料理用としてではなくもっぱら漢方薬や香料として使われていたのである。

日本のように魚や野菜を主材料として、鮮度を大切とする料理なら、素材の持ち味だけで十分においしく料理できるし、素材の持ち味を生かすために味つけや香りつけはできるだけ控えめにする。このような料理文化の背景があったので、味や香りが強烈なスパイス類は日本の料理体系に入り込めなかったのである。このようなおだやかな香辛料の文化を持っていた江戸末期から明治初期の日本に、強烈なスパイスを混ぜて作ったカレー料理が伝わってきたのである。

西洋料理入門の食べ物

明治新政府の外交政策の大きな柱の一つは、欧米の文明を受け入れ、それに同化することを内外に示すことであった。当時の新聞によれば、国家の制度や風俗はもとより、国語のローマ字化や、混血による人種改良までが考えられていたという。文明開化の波は社会のいろいろな面に及んだが、食文化もその例外ではなかった。

西洋文明を積極的にとりいれようというのが官民あげての風潮であり、西洋の料理を受け入れることが大切だと考えられるようになった。西洋料理を食べようとチャレンジはするが、ナイフやフォークなどの食器の使い方、テーブルマナー、味や香りの好みなどが大きな障害になっていた。そんななかでは、ライスカレーは食べ方の点でも、嗜好の点でも日本人にとっては受け入れやすい西洋料理であった。

当時の日本人はカレー粉をまったく新しい調味料として認識し、受け入れていた。しかし、カレー粉に使われている香辛料の多くは、古くから慣れ親しんできた漢方薬の材料でもあった。市販されている漢方胃腸薬に、黄色い色をつけるためのターメリックと、辛味を出すための唐辛子を加えてカレー粉を作り、それでカレーライスを作って試食したことがある。できあがったのは、見た目も味も香りも間違いなくカレーであったし、味を評価するなら「中の下」にはランクできるカレーであった。漢方薬の味にも、七味唐辛子の辛味にも慣れていた明治初期の大人たちは、ライスカレーの味と香りにあまり違和感を生じることはなかったはずである。少なくとも、嗜好の面ではライスカレーを受け入れる環境は十分に整っていたのである。

明治初期の西洋料理屋　このような店が続々と開店し、ライスカレーなどの新しい食文化を伝えた（『愛知県下商工便覧』）

　それまで、箸以外は使ったことのない日本人にとって、何本ものナイフ、フォーク、スプーンを巧みに操って西洋料理を食べることは難行苦行であったにちがいない。街に洋食屋がふえても、ビフテキやカツレツを食べるのにはナイフとフォークが必要であった。そこへゆくと、ライスカレーを食べるのには、洋食器のなかではいちばん使いやすいスプーンが一本あれば十分であった。しかもナイフやフォークとちがって、スプーンなら使い方で恥をかく心配もない。また、ステーキのように肉がそのままの形で供されるわけではない。牛鍋の場合と同じように肉は小さく切ってから供され、そのうえカレーの味と香りに包まれているので肉を食べることへの抵抗感も少なかった。また、食べ慣れた米飯と一緒に食べるということも西洋料理への抵抗を少なくしたことであろう。こうして、ライスカレーを食べることによって、誰もが洋食を食べたという満足感を得られたのである。このように、明治の初期、ライスカレーは格好の西洋料理入門の食べ物であったのである。

外食メニューとして定着

明治二〇年代になると、ライスカレーは簡単な西洋料理として普及しはじめ、三〇年代の後半には、外食のメニューとして庶民のあいだにすっかり定着した。大正時代に入ってふえてきた洋食屋では、トンカツと並んでライスカレーは人気メニューとなり、店の品書きには欠かせない一品となったのである。

明治四一年（一九〇八）、『朝日新聞』に連載された夏目漱石の『三四郎』には、三四郎が友人の与次郎からライスカレーをご馳走になる場面が描かれている。

昼飯を食ひに下宿へ帰らうと思つたら、昨日《きのう》ポンチ画《え》をかいた男が来て、おい〳〵と云ひながら、本郷の通りの淀見軒《よどみけん》と云ふ所に引つ張つて行つて、ライスカレーを食はした。淀見軒と云ふ所は店で果物を売つてゐる。新らしい普請であつた。ポンチ画をかいた男は此《この》建築の表を指《ゆびさ》して、是《これ》がヌーボー式だと教へた。

『三四郎』のなかにはもう一か所、ライスカレーについて描かれた場面がある。明治の末にもなると、ライスカレーは大学生が気軽に昼食として食べることができるほどに普及していたことが見てとれる。

インドにカレー料理はない

カレーの話をするからには、「インドのカレー料理」について整理をしておかないと話が混乱する。広い世界のなかには、素材の持ち味にあまりこだわらない料理の文化もある。そこでは、自然では味わえない新しい味を作り出して楽しもうとする。それは、素材の味を優先する日本の料理文化とは、対角線上にある料理の文化である。素材の持ち味以外の新しい味を作り出すためには、スパイス類を混ぜ合わせるのが手っ取り早く、かつ有効である。その典型的な例がインドのスパイス料理であり、イギリスを経由して日本に伝わってきたカレー料理である。

インド人は自分たちの料理をカレー料理と呼んでいるわけではないし、もともとインドにはカレーという名の料理は存在していないのである。羊肉をショウガ、トウガラシ、シナモンなどで香りづけした料理とか、魚をターメリック、コショウ、クローブ、トウガラシ、ショウガ、ニンニクなどのスパイスとともに煮込んだ料理など、インドにあるのは素材に合わせて複数の香辛料を使って調理するスパイス料理である。インドにはスパイス料理はあるが、カレー料理と呼ばれる料理はないのである。日本人が勝手にインドのスパイス料理のことをカレー料理であると思いこみ、そのうえさらにインドはカレー料理の本場であると思いこんでいるだけの話である。

スパイスをふんだんに使ったインド料理でもっとも大切なのが、材料に応じたスパイスを配合してすりつぶす作業である。スパイスは料理によっても家庭によっても配合が違う。スパイスとして何と何を使うのか、それらをどのような割合で使うのか、すりつぶす具合をどの程度にするのか、それらの条件によって料理の味が決まる。しかも、料理をする直前にすりつぶしたスパイスを使って、スパイスの香りが豊かな料理しかインドの料理としては認められないのである。これでインドには、あらかじめスパイスを混ぜておいたカレー粉も、またそれを使ったカレー料理も存在していないことがわかる。

イギリス生まれのカレー料理

観光客を相手にした土産用のカレー粉のほかには、インドにはカレー粉など売ってはいないし、仮に売っていたとしてもインドの人は誰も買おうとはしないであろう。カレー粉はイギリスで開発された複合香辛料であり、英語でカレーを表わす単語 Curry もまた、語源については諸説あるものの、イギリスで生まれた言葉である。カレー料理もまたイギリス生まれの料理なのである。

イギリス人は本国へ戻ってからも、植民地インドで食べていたスパイス料理の味を忘れられなかった。しかし、料理に合わせてスパイスを選び、それぞれの使う量を決め、そのスパイスをすりつぶす、この一連の作業は簡単なことではない。何種類ものスパイスを調合して一つの料理を作るのは、スパイスに慣れていない民族にとっては非常にむずかしいことである。インドのスパイス料理は忘れられない味ではあるけれど、イギリス人にとっては作るのがきわめて面倒な料理であった。それならば、あらかじめスパイスを混ぜたものを商品として作ってしまおうという発想が生まれてくるのも不思議はない。クロス（Crosse）＆ブラックウェル（Blackwell）社がスパイスのミックスを作って「カレー粉」として売り出した。クロス＆ブラックウェルの頭文字をとった通称C＆B社のカレー粉がそれである。このカレー粉はインドのスパイス料理に比べて唐辛子の辛味を抑え、口当たりもやわらかくしてあり、スパイス料理の味に慣れていないイギリス人にも受け入れられるように調合されたものであった。

C＆B社のカレー粉はインド帰りのイギリス人のスパイス料理への願望を満たしただけではなかった。スパイスに不慣れな人びとにとっては作るのが面倒であったスパイス料理を、誰にでも作れる簡単なカレー料理に変えてしまったのである。その結果、カレー粉はカレー料理が国際化してゆくのに大きく貢献することになるのである。カレー粉はフランスに渡って、カレーソースに少量の米飯を添える「カリー・オ・リー」が生まれ、フランス料理の仲間入りをもはたしたのである。

(2)　国民食のカレーライスへ

ヨーロッパ文明への崇敬の念

東京帝国大学医学部の教授として招かれたエルヴィン・ベルツ博士は、明治九年（一八七六）に来日したが、母国ドイツの友人に書き送った手紙の一節に、次のように書いている（菅沼竜太郎訳『ベルツの日記』岩波文庫）。

ところが――なんと不思議なことには――現代の日本人は自分自身の過去については、もう何も知りたくはないのです。それどころか、教養ある人たちはそれを恥じてさえいます。「いや、何もかもすっかり野蛮なものでした（言葉そのまま！）」とわたしに言明したものがあるかと思うと、またあるものは、わたしが日本の歴史について質問したとき、きっぱりと「われわれには歴史はありません、われわれの歴史は今からやっと始まるのです」と断言しました。なかには、そんな質問に戸惑いの苦笑をうかべていましたが、わたしが本心から興味をもっていることに気がついて、ようやく態度を改めるものもありました。

ベルツの手紙から、明治の新しい時代を支えるべき人たちが、西欧文明に対する抜きがたい劣等感を抱いていたことが読み取れる。劣等感を裏返せば、ヨーロッパの文明に対する崇敬の気持であり、それは明治初期の熱心な欧化政策となって現れてくる。西欧の食事の中心にある肉食をとりいれることが、文明開化の重要な目的の一つになっていった。このような環境のなかで、イギリス生まれのカレーライスは牛鍋につづく肉食として、日本人にとって受け入れやすい食べ物であった。

カレーが受け入れられた要因

インドのスパイス料理がイギリスに渡り、イギリスでカレー料理に変身して、日本に伝わってきた。

それから一三〇年あまり、現在では、まるで国民食であるかのようにカレーは日本人のあいだに深く浸透している。カレーがインドからではなくイギリスから伝わってきた料理であること、スパイスを自分でミックスするのではなくカレー粉を使って作る料理であること、トロミのあるカレーソースであること、このどれか一つでも欠けていたら、カレーはこんにちのように国民食となるまでには成長しなかったであろう。

カレーライスが明治時代の人びとにとって、西洋料理入門の食べ物であったことは先に説明したが、短時間のうちに日本人受け入れられた要因の一つは、カレーが先進文明国イギリスから伝わってきた料理であったことである。仮に、イギリスの植民地であったインドからスパイス料理が直接に伝わってきたらどうであったろうか。明治の時代を支えていた人びとの目は欧米の列強諸国だけに向けられており、イギリスの植民地であったインドには目を向けようとはしなかった。そのような状況では、インド文化に対する信頼感が生まれるはずもない。日清戦争の勝利によって、いわれもなく中国を蔑視する風潮がはびこっていた戦前までの日本では、調味料をはじめ食器や作法のいずれをとっても、日本人に親しみやすいはずの中華料理がなかなか受け入れられなかった。それと同様に、明治時代にインドのスパイス料理が伝わってきたとしても、イギリス伝来のカレーのようには受け入れられなかったであろうことは想像に難くない。

カレーが受け入れられた要因の二つめは、味噌・醬油などと同じように、カレー粉を調味料の一種として使って作る料理であったことである。ヨーロッパに比べてもはるかにスパイスを使うことに不慣れであった日本の家庭では、インドのようにスパイスを使いこなすことはまず考えられない。カレー料理はスパイスを使うのではなく、調味料としてのカレー粉を使って作る料理であった。具を煮てからカレー粉と小麦粉を入れればカレーライスの出来あがり、カレー粉の代わりに味噌を入れればみそ汁が、少なくとも豚汁はできる。作る側にしてみれば、カレーライスはみそ汁を作るのと手間の面ではそう差のない料理であった。カレーは調理法がきわめて簡単であり、誰にでも作れる西洋料理として受け入れられたのである。

イギリス式のカレーにはトロミがついていたことが、日本人にカレーが受け入れられた三番目の要因である。インドや東南アジアで米飯を炊く場合には、炊き上がりの粘りけが少ないインディカ種の米を使う。しかも日本での米飯の炊き方である「炊干法《たきぼしほう》」ではなく、鍋に米と大量の水を入れて火にかけ、沸騰してきたら湯を捨ててしまい、あとはむらして仕上げる「湯取法《ゆとりほう》」で米飯を炊く。湯取法では煮汁、つまりオネバは捨ててしまうので、炊き上がった米飯はいっそうパラパラになる。液状に近くさらりとしているインド風のカレーソースには、粘りけのある日本の米飯よりは、このパラパラ飯のほうが合う。

日本の米飯はジャポニカ種の米を「炊干法」で炊く。つまり、釜に入れた米に適量の水を加え、後は火の加減をするだけで最後まで一気に炊き上げる。もともと粘りけの多いジャポニカ種をオネバを捨てることなく炊き上げるので、粘りけのある米飯ができる。この米飯にトロミのついていないサラリとしたインド風のカレーソースをかけたのでは、お茶漬の状態になってしまい、米飯とカレーソースが分離してしまうし、米粒もバラバラになってしまう。イギリス式のトロミをつけたカレーソースをかければ、カレーソースが米飯のまわりにうまくからみついてくれる。米飯もお茶漬状にバラバラになることがなく、普通の白い米飯に近い感覚で食べられる。カレーソースにトロミがついていたこともまた、カレーが明治の人びとに抵抗なく受け入れられた要因であった。

ライスカレーという呼び名

インドのスパイス料理が、カレー粉を生み出したイギリスで変身して、カリード・ライス（Curried Rice）となって日本に伝わってきた。カリード・ライスが日本風になまってカレーライスとなり、外来語として定着するのに時間はかからなかた。ハウス食品工業が株式会社刊行した「カレーライスおもしろ雑学事典」によると、カレーライスからライスカレーに呼び名が変わったいきさつを次のように紹介している。

「ライスカレー」となったのは、ライス＝米を一種の野菜と見なすイギリス的感覚と米を主食とする日本人的感覚の違いによるものと考えられる。

つまり主食はパン、カリード・ライスは〝スパイスによって調理された野菜〟という副食という、英国式取合せでは、汁かけ御飯的理解を表現することができず、別に主食の「ライス」を強調した表現が編み出されなければならなかったのだ。

明治時代後期から大正時代にかけて、イギリス伝来のカリードライスの作り方を紹介する新聞、雑誌の記事では、どれをとってもライスカレーと書いている。

いつのころに誰がライスカレーという言葉を使いはじめたのかは、今となってはまったくわからない。しかし、明治の後半から大正にかけての新聞、雑誌、料理の本はどれをとっても、ライスカレーという言葉を使っていたのは事実である。本書でも明治・大正時代の具体的な料理を指す場合には、ライスカレーという言葉で統一している。

ライスカレーという言葉は、いつごろから使われるようになったのであろうか。明治四年（一八七一）、岩倉具視《ともみ》が特命全権大使となって、木戸孝允《たかよし》、伊藤博文《ひろぶみ》、大久保利通《としみち》など政府の首脳以下約五〇人を率いて、二年間をかけて不平等条約改正の交渉と欧米各国の視察にでかけた。この旅の旅行記『米欧回覧実記』（久米邦武《くめくにたけ》編、岩波文庫）に、帰途セイロン島（スリランカ）に立ち寄ったところで、ライスカレーに出会った記録があり、次のように書かれている。

地ニ稲ヲウユレハ常ニ熟ス。ソノ米ヲ土缶ニテ炊キ、漿汁《しようじゆう》ヲソソギ、手ニテ攪《ま》セ食フ。西洋「ライスカレイ」ノ因《よつ》テハシマル所ナリ。

セイロン島に立ち寄ったのは明治六年のことであるが、実記の編纂が終わったのは明治一一年の末である。明治六年の時点で、ライスカレーという呼び方があったかは、この記述からは断言できない。

同じ明治六年のこととして、別の本にもライスカレーについて書かれている。前年に開設されたばかりの陸軍幼年生徒隊（後の陸軍幼年学校）に第一期生として入隊し、後に陸軍大将まで昇進した柴五郎が『ある明治人の記録』（石光真人編、中公新書）のなかで、学校での生活に触れ、食事については次のように語っている。

学校は陸軍兵学寮の管轄、校長は川勝広道大佐、次長は中尾捨吉なる文官なり。教官はすべてフランス人にてブーセ教頭のもとに、モンセ、ヴァンサンヌ、ルシェ、グービル、ルイ等あり。日本人は助手、通弁のみ。（略）

食事もまた洋食にて、スープ、パン、肉類なり。ただ土曜日の昼食のみ、ライスカレーの一皿を付す。同僚の多くは、この生活を窮屈なりと嘆き、食事を不味しと不平いうも、余にとりてはフランス語以外は、まことにもって天国に近し。

本書は柴五郎が編者に渡した少年期の記録に、その後編者が本人から直接聞き取った話を補足して編纂したものである。したがって、柴が入学した明治六年にライスカレーという呼び名があったかどうかの判断材料とするには問題があるが、この時期に少なくとも陸軍幼年学校の食事としてライスカレーが供されていたことは確かである。

明治一〇年、東京の西洋料理屋「三河屋」が出した宣伝には、定食の西洋料理は上が七五銭、並で三〇銭、ライスカレー一二銭五厘、サラダ五銭、コーヒー二銭などとある。また、同じ明治一〇年に東京の凮月堂は西洋料理の食堂を開業したが、カツレツ、オムレツ、ビフテキなどと一緒にライスカレーもメニューにのせており、それらはどれも八銭均一であったという。この二つの例に見るとおり、明治一〇年の東京ではライスカレーという言葉がすでに通用していたことは確かである。

ライスカレーからカレーライスへ

中村屋の創業者、相馬愛蔵はイギリス政府から迫害を受けて日本に亡命してきた、インド独立運動のメンバー、ラス・ビハリ・ボースを受け入れて保護していた。ボースはかねてより、祖国インドに対する日本人の認識に、あまりにも誤りが多いことを嘆いていた。昭和二年（一九二六）、中村屋が喫茶部を設けるとき、ボースの力添えもあって、本格的なインドカレーがメニューに加わった。

こうして生まれたカレーは、ご飯とカレーを別々の器に入れ、従来のライスカレーとは大きく違う高級イメージで、「本物のインド式カレーライス」との評判をえた。値段のほうも高級で、普通のカレーが一人前十銭の時代に、八十銭という破格の値段で提供された。それでも一日に二百食もの注文があるほどの人気料理であった。

神武景気（昭和二九年〈一九五四〉～昭和三二年〈一九五七〉）にはじまる高度経済成長期を迎えて、日本人の食生活は飛躍的に改善されるようになった。ライスカレーにも大きな変化が現れた。昭和三六年（一九六一）には、ルーの色は茶色っぽく、数多くのスパイス使って複雑な味に仕上げた固形の即席カレールーが、ハウス食品工業から発売された。切り落としの肉ではなくシチュー用の角切り肉を使うなど、出来上がったのは、見た目にも、食べた味わいでも、従来のライスカレーよりは高級感のあるカレー料理であった。このカレー料理のイメージに合ったネーミングを求めて、中村屋のカリーライスの呼び名を借りたとする説にまったく違和感はないが、この他にも命名者として帝国ホテル説、凮月堂説などもあって一定していない。命名者が誰かはさておき、このころからカレーライスの呼び名は急速に普及しはじめ、逆に、ライスカレーの呼び名を耳にする機会は減る一方となった。

CBカレー事件とカレー粉の普及

明治の中ごろまで、カレー粉はすべてイギリスから輸入されており、なかでもいちばん人気が高かったのは先述のクロス&ブラックウェル社のカレー粉、通称CBカレーであった。一流ホテルから街の大衆食堂にいたるまで、西洋料理のコックたちはCBカレー以外のカレー粉には見向きもしなかった。カレー粉に関しては一流ブランド志向が定着しており、輸入カレー粉のなかでもCBカレーは別格と見られていた。

大正から昭和にかけて日賀志屋《ひがしや》（現在のエスビー食品）、美津和《みつわ》ソース（商標：ナイトカレー）などカレー粉のメーカーが急速に成長してきた。これらの会社は、カレー粉の将来性に目をつけ、CBカレーに負けないだけの品質のよい国産カレーを作ろうと努力していた。その一方では、カレー粉のブランド志向の状況に目をつけ、CBカレーの偽物を作りだした商人もいた。昭和六年（一九三一）におきたCBカレー事件である。CBカレーとしては非常に安い値段で出回っていることに気がついて、

エスビー・カレー粉　日賀志屋が昭和５年に発売した日本初の家庭用カレー粉（エスビー食品提供）

Ｃ＆Ｂ社の代理店が調べたところ、大量の偽物が出回っていることがわかった。この偽物は、国産のカレー粉を仕入れてＣＢカレーの容器に詰め替えて売られていたものであった。この事件にはイギリス大使館から日本政府に厳重な抗議が行なわれ、国際問題にまで発展した。

ＣＢカレーの容器に詰め替えてあるので、外観でわからないのはしかたないとしても、カレー粉がおかしいと気づいたコックは、一人としていなかった。料理学校の先生も、家庭の主婦も誰一人として、カレー粉の違いに気がつかなかった。騒ぎが収まってみれば、国産のカレー粉はＣＢカレーに比べて少しも劣っていないことを一般の人に知らせたことになり、ＣＢカレー事件は国産カレー粉の品質が一流であることを証明する結果になった。これによって、輸入カレー粉へのブランド志向はうすれていった。この事件がきっかけとなり、国産のＳＢカレーやナイトカレーの売れ行きも順調に伸び、庶民でも気軽にカレー粉を買えるほどの値段となり、カレー粉は広く一般家庭にいきわたるようになった。ＣＢカレー事件は、カレー粉が家庭に浸透して、カレーライスが国民食に発展してゆく出発点になったのである。

おいしいカレーはカレールーから

カレーライスが作るのが簡単で、しかも間違いなくおいしく作れる料理である、と認められるようになったのは、現在の板チョコの形をした固形カレールーが登場してからのことである。最初に固形の即席カレールーを作り出したのはキンケイ食品工業（現在の平和食品工業）で、昭和二五年（一九五〇）のことであった。このカレールーは形も包装も箱入りの化粧石鹼にそっくりで、石鹼の形をしたルーを削って使わなくてはならず、即席性の点で改良の余地が残されていた。これを解決したのがハウス食品工業で、昭和三六年に板チョコの形をした固形カレールー「ハウス印度カレー」を発売した。この形状が現在の固形カレールーの基本の形となったのである。

カレーのおいしさの基本はブイヨンにある。おいしいブイヨンがあって、そこに適量のカレー粉が加われば、間違いなくおいしいカレーができあがる。カレールーはカレー粉とおいしいブイヨンとトロミをだすための小麦粉から成り立っている。メーカーがカレー粉を吟味し、ブイヨンの味をさぐり、大勢の消費者を対象に調査を繰り返して決めたのがカレールーの味である。市販のカレールーに使われているブイヨンよりおいしいブイヨンを、家庭や専門店以外の食堂やレストランで作るのは容易なことではない。カレールーを使えばまずいカレーができるはずはないのである。誰が作るにしろ、分量さえ間違えなければ、自らブイヨンをとってカレー粉と小麦粉から作るカレーより、確実においしいカレーを作れるようになった。その結果、最近ではカレー粉からカレーを作る主婦はほとんど見られなくなり、カレールーを使う主婦が断然多くなっている。それだけではない、多くの外食産業でも業務用のカレールーを用いてカレーライスを供しているのである。

カレールーが普及する以前、家庭でのカレーライスはどちらかといえば子供の誕生日など、あらたまった日のご馳走である場合が多かった。カレールーの登場によって、家庭でカレーを作る機会がふえ、カレーライスは手軽な一品へと変身してきたのである。カレールーの誕生はカレーライスがご馳走から日常の食べ物に、つまりハレの日の食べ物から、普通の日の食べ物に変わったという意味で、カレー粉の誕生につぐ、カレーライス史上での劇的な変化であったといえよう。

子供向けの辛くないカレー

カレーが広く、深く普及して国民食へと発展してきた時期は、カレールーの生産量の伸びと一致している。農林水産統計によると、カレールーの生産量は、昭和二六年（一九五一）にはわずか七三六トン、昭和三〇年でやっと四三五八トン、それが昭和四〇年には三万二八五五トンと急増し、昭和五〇年もまた六万九五〇二トンと引き続き急増の傾向を示している。カレールーの生産量は昭和三〇年代の後半から急増したのである。昭和三八年にはハウス食品工業が子供向けに辛味を抑えて甘みを加えた「バーモントカレー」を発売している。つづいて四一年にはヱスビー食品が本格派のカレーを謳い文句に「ゴールデンカレー」を発売した。こうして子供向け、大人向けと幅広い層に向けたカレールーが出揃うのである。

テレビが急速に普及してきたのもこの時期で、テレビの受信契約数が一〇〇〇万件を超えたのが昭和三七年三月のことであった。昭和三〇年代の後半は、テレビのコマーシャルが大きな影響力を持ちはじめた時代の幕開きでもあった。大量のテレビ・コマーシャル「リンゴとハチミツ」とともに登場したバーモントカレーは、それまでの「辛い料理」であったカレーを、リンゴとハチミツで象徴される「辛くない」カレーへ、つまりは子供が食べるカレーへと変身させて登場してきたのである。大人のための辛い食べ物であったカレーは、辛くないカレーの登場によって子供を含めた幅広い層の食べ物となり、国民食としての地位を固めたのである。視点を変えれば、勤め人が昼食時に食べていたカレーが、カレールーの登場とともに家庭のなかの食事へと広がっていったのである。

カレーライスを食べる頻度

国民食とまでなったカレーライスはどのくらいの量が食べられているのであろうか。平成一〇年度の業界の統計によれば、市販品と業務用をあわせての販売量は、カレールーが九万九〇〇〇トン、レトルトカレーが一〇万七〇〇〇トンである。市販品のカレールーは内容量二四〇グラムで一二皿分と表示してある。一食分二〇グラムとして計算すると、カレールーの九万九〇〇〇トンは五〇億食分である。また一食分ずつ包装されているレトルトカレーの内容量は多くの場合二一〇グラムと表示されている。したがってレトルトカレーの一〇万七〇〇〇トンは年間で五億食に相当する。日本人は老若男女おしなべて考えれば、一年間に四六回、月に四回という高い頻度でカレーライスを食べているのである。このほかにも、カレーの専門店や高級なレストランなどでは自分の店でスパイスを混ぜてカレーを作ったり、カレー粉にそれぞれの工夫を加えてカレーを作っているが、カレーライス全体から見れば微々たるものである。

カレーに見る外来文化の同化

日本人は外来文化を受け入れてはそのつど、在来の文化とうまく調和させて、そこに新しい文化を生み出してきた。カレーもその例にもれない。イギリスで生まれたカレーは日本に伝わってライスカレーとして発展してきただけではない。ライスカレーそのものがバリエーションとしてカツカレーが生まれた。これは、大正七年（一九一八）創業の洋食屋、東京・西浅草の「河金」で創業まもないころ、客の注文をヒントにして生まれた一品である。さかのぼって、明治三七年（一九〇四）には、東京・早稲田のそば屋「三朝庵《さんちょうあん》」ではカレーうどんをメニューに登場させて、洋食屋のライスカレーになびいていてそば屋には目も向けなかった学生を、店に引き戻すことに成功している。現在ではカレーそば、カレーうどんはそば屋の品書きには欠かすことのできない一品となっている。もう一つ、いつのころ誰が発明したのか定かではないが、わずかに甘みを感じるパンのなかに刺激的なカレーのペーストを組み合わせ、それを油で揚げたカレーパンもある。そのほかにも、カレーの味はコロッケに使われたり、ふりかけになったり、インスタント麺のカレーヌードルとして発売されたり、またスナック菓子の味つけには欠かせない定番品の一つになっている。このように、カレーは米飯以外にも多くの食べ物と結びついて、日本人に親しまれながら深く浸透しているのである。

終章　「ひるめし」の行方

社会への依存が強まる生活文化

ひるめしの文化について、いろいろな角度から眺めてきたが、生活文化が時代とともに変化してきているなかで、ひるめしはどこへ行くのだろう。

生活文化の基礎となっている衣・食・住について、家庭と社会の役割分担はどのように変化してきたのであろうか。江戸時代までの農村では、一般の農家は隣り近所の応援は得るものの、自らの力で家を建てるのが普通であった。最近ではすっかり見かけなくなったが、カヤぶき屋根をふき替える際には近所の男たちが総動員で応援をしていたのも、その当時の風習の名残りである。その一方で城下町や門前町では庶民が自分で家を建てることはなくなった。つまり、地方からやってくる人びとを対象にして、長屋が建ち並ぶようになり、都市へ流入してきた庶民は長屋に住むことが社会の常識になっていたのである。

明治から昭和にかけて核家族化が進み、都会型の生活様式が全国に広まり、社会の分業体制が整ってくるとともに、家を建てることや修理することなど、住生活のなかでも汗を流さなければならない仕事は社会の側へまかせるようになった。掃除という労働は残っているものの、現代の平均的な住生活といえば、インテリアに工夫をこらし、冷暖房などの住環境を整え、快適な住まいの空間を演出してそれを楽しむことを意味するようになっている。唯一残された労働である掃除でさえも、金さえ出せば社会の側へ依頼することは不可能ではなく、住生活のなかの楽しく快適な部分だけを味わうことができる状況になっている。

戦前までの農村の女性たちは、ある年齢に達すると、機《はた》で布を織り、織った布を染め、手縫いで着物を仕立てる、また着物をほどいて洗い張りをするなど、家族の衣料品を用意し保管するのに必要な技能すべてを身につけていないと一人前の女性としては認められなかった。さらに少し時代をさかのぼれば、機で織るために麻や木綿、絹などの糸さえも自分で紡ぐのが当たり前のこととされていた。このように、衣服に関する生活では、糸を紡ぐことからはじまって、着物を仕立てることまで、一貫して家庭内でするのが当たり前の仕事であった。

つい最近までは、ミシンは大切な嫁入り道具のひとつであったが、現在では家庭にミシンがあっても、洋裁を趣味とする場合を除いては、家庭で洋服を縫っている光景を目にする機会はほとんどないといってよいであろう。和服を仕立てられる人は、プロを除けばきわめて稀になっている。衣料品はデパートやスーパーマーケット、あるいは専門店など、つまりは社会の側が取りそろえたものを買ってくるのが常識であり、家庭で仕立てるものではなくなってしまった。衣生活に関して家庭が受け持っている役割といえば、クローゼットやタンスに衣類を保管すること、その衣服を着て楽しむこと、そして着たあとの洗濯ぐらいのものである。

一昔前までは縫い物も主婦にとっては欠かすことのできない大切な仕事であったが、現在では破れた衣服を繕うよりは買ったほうが安い、しかも手間が省けるということが常識になっており、夜なべをして繕い物をする母親の姿は見られなくなってしまった。現代の衣生活では、洗濯とアイロンがけを除けば労働はないに等しく、その気になれば洗濯も社会の側にある洗濯屋にまかせることができる。家庭で洗濯をするにしても、洗濯機のスイッチを押すことと、洗濯物を干して取り込むことだけが仕事であり、たらいと洗濯板での洗濯とは流す汗の量がまったく違う。家庭での衣生活は、衣服を持っていることの楽しみと、着ることの楽しさだけを味わっているといってもよいであろう。

食生活における家庭と社会の役割分担

日ごろの生活文化のなかで、衣服と住居に関しては楽しい部分だけを家庭で味わい、汗を流さなければならない仕事はすべて社会の側にゆだねるように生活文化が変わってきている。衣食住のなかでは食がもっとも保守的であり、民族が食習慣や食生活を変えるのには、世紀単位の年月が必要であるとさえいわれている。その一例として戸塚文子は、ハワイの日系三・四世のビア・パーティーに招かれたおりの印象を『食のかなた』(日本経済新聞社、一九八〇)の中で次のように述べている。

みんなが集まって、ビア・パーティーをするのに招かれた。休み時間に釣ってきた魚を手ぎわよく刺し身にし、ワサビじょう油も昔の味で、納豆にはきざみネギ、おでんも並ぶ。箸を使って食べている若い顔をながめながら、その口元から、日本語が出ないのがふしぎにさえなった。

このように保守的な食生活の場で、家庭と社会の役割分担はどのように変わってきているのであろうか。「ひるめし」がどのような方向へ向かうのかは、食生活の変化の方向にかなり強く影響される。

食生活を一連のプロセスとしてとらえると、まず精白や製粉など原料を処理すること、次いで材料を洗ったり切ったりする下ごしらえ、材料を煮炊きしたり味つけしたりする調理の仕事、食欲がわくように見た目にきれいに盛りつけることや配膳、会話を交わして団欒を楽しみながら食べる時間帯、汚れた調理器具や食器の片付けから成り立っている。農村型の社会では原料の処理や材料の下ごしらえなど、家庭で額に汗する仕事のウェイトが高かった。しかし、工業化が進んだ都会型の社会へと変化してくると、調理や盛りつけ、そして料理を食べることなど、衣や住の生活と同様に楽しい部分の比重が高まってきている。穀物を精白したり製粉したり、あるいは牛や豚を解体したり、野菜を洗ったり肉や魚を切ったりする作業、つまりは額に汗する労働をともなう作業は社会の側へと依存する仕組みが完成している。食生活でも、汗を流さなくてはならない仕事や楽しくない仕事を社会の側へ委託することが、ここ一〇〇年あまりの間に急速に進行してきているのである。

かつては主婦の家事労働は所得としての価値はほとんど認められておらず、主婦は支出を節約するためには家事労働をいとわないのが一般的な風潮であった。生活意識の変化とともに、家事労働から解放されるためには、現金を支出するのは当たり前という考えが生まれ、大多数の主婦に共通する意識として定着してきている。従来は家庭で漬けるのが当たり前であったたくあんや白菜漬、梅干しなどの漬物、鯖《さば》の味噌煮やきんぴらごぼうなど、おふくろの味と称される総菜までも出来あいを買う人たちがふえてきている。このほかにも、ただ温めるだけあるいは揚げるだけといった具合に、調理をあまり必要としないインスタント食品や冷凍食品、さらにはレトルト食品なども着実に食生活のなかに入り込み、主婦がこれらを使う機会も間違いなくふえてきている。このようにして、家計の食料消費の五〇パーセント以上を加工食品が占めるようになってきているのである。

加工食品がふえただけではない。さらに一歩進んで、社会の側が用意した食卓ともいえる外食産業で食事をする回数は年々ふえてきている。ファースト・フードやファミリーレストランなど、誰もが気安く出入りできる外食産業の繁栄には目を見張るものがある。これらの一連の食の現象から、衣生活や住生活の場合と同様に、家庭での食生活はきれいな盛りつけとおいしく食べることだけへ、つまりは食事行動のなかの楽しい部分だけへと収斂《しゅうれん》していくであろうことは容易に推測できる。

もう一つの食事の変化

食生活での変化は、家庭内での主婦の仕事を社会の側へ委託してきたことだけではない。家庭で食事をするということは、家族そろって共食をするということである。一日三回の食事には家族全員がそろって食卓を囲むのが、かつてはどこの家庭でも見られた光景であった。明治時代になって教育制度が整備されてくると子供たちは学校に通うようになり、一方では工業化が進んで都会型の生活が広まるにつれて働きにでる人がふえてきた。昼の弁当を持って出かける人がふえるにつれて、家庭の共食の場という面では「ひるめし」は影の薄い存在になってしまった。

変化はそれだけにとどまらない。昼食が弁当あるいは外食に変わっても、朝食と夕食は家族そろっての共食の場として残っていった。しかし、住宅地域が都心から郊外へと広がり、学校や勤め先が遠くなるのにともなって、朝食の個人化がきわだって目立つようになってきた。出勤や通学などの時間にあわせて、家族の一人一人が自分の都合のよいときに朝食をとる、そのような生活パターンを持つ家庭が確実にふえてきているのである。社会の側への依存度の高い昼食とは異なって、朝食は家庭の側で準備する食事であるにもかかわらず、家族の共食の場という意味あいは薄れつつある。このようにして家庭では、家族の共食の場が目に見えて減ってきているのである。

学校給食の「ひるめし」への影響

「上の子供が中学に行きだしてからは、給食がないので毎日のように弁当を作らなければならなくなった。その手間も大変であるが、おかずを選ぶのがそれに輪をかけて面倒である。最近になって、学校給食のありがたさがよくわかった」とは、ある母親の学校給食に関する率直な意見である。母親にとって朝の弁当づくりというのは一大作業であり、学校給食は弁当づくりの手間を省いてくれるので、おおいに助かっていることははっきりと認めた発言である。このような考え方が大多数の母親に共通する潜在的な意識であることに間違いはないであろう。

学校給食があるから子供の弁当づくりも省略して、職場での給食かあるいは外食で昼食をすませてもらおう、つまり外へ出かけてゆく家族の昼食はすべて社会の側へゆだねてしまおう、と考えるのは自然のなりゆきである。多くの職場では給食が行なわれ、オフィス街には食べ物屋が軒を連ねており、昼食を外食ですませることには何の支障もない。こうして、学校給食の定着が昼食を手づくりの弁当から社会の側が用意する外食へと変化させるきっかけとなったのである。歴史には「もし」はないとわれるが、「もし」学校給食が定着していなかったら、主婦は毎朝子供の弁当を作らなければならない状況にあったはずであり、現在のような昼食の形はできてこなかったのではなかろうか。

「ひるめし」はどこへ

家庭の側から見ると、昼食は主婦の管理の下から完全に切り離されてしまい、家族の一人一人がてんでんばらばらに食べているのが現実の姿である。昼食を家庭で食べているのは幼児のいる家庭あるいはお年寄りの家庭だけになってしまった。それらの家庭では昼食にはインスタントの麵類や、パンにハムと牛乳といった加工食品がよく食べられており、社会の側への依存度の高い昼食になっている。

一方、日本人の多くは学校や勤め先など家庭の外で、給食も含めた広い意味での外食で昼食をすませている。つまり、外で食べる昼食の場合は、調理から後片付けまで、食べることを除いて食事のプロセスのすべてを社会の側に依存するわけである。家庭で毎日毎日弁当を作ることを大変と思う意識があり、かたや学校給食が存続するかぎり、昼食を社会の側へ頼る傾向は強まることはあっても、弱まることはないであろう。

現代では幼稚園での三年保育も当たり前のことになり、家事のなかではもっとも大切な育児の一部さえも社会の側にまかせるのが当たり前になるなど、衣食住だけではなく生活文化の多くの面で社会への依存度が高まっている。社会への依存度が大きくなれば、家庭内での仕事の量は当然のことながら減り、余暇の時間がふえてくる。主婦の義務であった料理も男女を問わず多くの人が参加できる趣味となる可能性が高い。つまり日常の食事はインスタントものなどの加工食品にちょっと手を加えるだけですませ、あるいはてんやものや持ち帰り弁当なども含めた外食ですませておき、ときどき家族がそろうときに大ごちそうを作るといったことが、近い将来の食事の姿として描けるのではなかろうか。一日三回の食事のなかでも社会の側への依存度がきわめて高く、家族のきずなを感じることがもっとも少ないのが昼食である。休日の昼食には家族そろって庭や郊外でバーベキューを楽しんだり、親子が力をあわせて昼のご馳走を作ったり、あるいは日ごろ家庭サービスの十分でない父親が家族のために腕をふるったり、昼食はこのような要素をとりこんだ食事という側面を持つようになるであろう。昼食時に家族全員がそろって共食をすることによって、薄れつつあった家族の連帯感を取り戻すための絶好の機会となるのではなかろうか。

あとがき

三八年あまりにおよんだ明治製菓株式会社の食料部門での会社生活の間で、ちょうど半分にあたる一九年間、研究所を含めて新商品開発の仕事に携わって過ごしてきた。新商品開発は企業にとって成長のために欠かすことのできない分野である。見かたを変えると、新商品を消費者に提供するということは、消費者に新しい生活スタイルを提案することである。それはまた開発の責任者として何らかのかたちで食の文化にかかわりを持つことでもある。そうであるならば、新商品開発に携わる者として、食の文化に関しての確固たる知見を身につけて、片方の目では新商品の特性を、もう一方の目では食文化をしっかりと見すえ、自分の仕事が食文化にどのようなかかわりを持つかをはっきりと認識して、開発業務に携わるべきであると考えた。そのような考えもあって、新商品開発に携わるのと時を同じくして、食の文化にかかわる本を読みはじめた。学べば学ぶほどに食の文化の奥の深さと面白さに引き込まれていった。

現役時代は片道一時間の通勤電車が書斎であり、時間に追われながら濫読に近い状態で食の文化にかかわる本を読んでいた。サラリーマン生活を無事卒業してようやく、現役時代に読みとばしていたそれらの本を、メモをとりながら系統だててじっくりと読み直す時間を持てるようになった。じっくり読めば読むほどに、現役時代には見落としていた事実に気がつく。また、系統だてて読むためか、行間からはさまざまな知見が浮かび上がってくる。それは新しい発見の連続であり、会社生活のころにはめったに味わうことのなかった知的な興奮の連続でもあった。

現役時代の生活を振り返ってみると、毎日の昼食を無意識のうちにただ習慣として食べていたのではなかったろうか。その当時の昼食は食事というよりも、午前中の空腹を癒し、午後の活動時間中に空腹を感じることさえなければいい、あえていえば食事というよりは餌に近い感覚ではなかったろうか。また、新商品開発のために何回となく行なった消費者調査のおりに、専業主婦の昼食についてたずねると、ほとんど異口同音にウィークデーの昼食は朝の残り物ですませてしまうという答えが返ってきたものである。

今、家でゆっくりと妻と向かい合って昼食を食べる機会がふえるにつれて、改めて昼食について考えるようになった。残り物で昼食をすませる主婦。とにかく空腹を満たせばよいといった昼食をとるサラリーマン。昼食はその程度の内容でよいと思いこんでいるわけで、一日三食のなかではウェイトがもっとも軽い食事である。しかし、食事としてのウェイトは軽いけれども、昼食をとりまく食の文化は、朝食や夕食にかかわる文化に比べても決してひけはとらない。昼食がどのような食の文化の上に成り立っているのか、また昼食は日本人の食生活にどのようにかかわっているのか、そんな視点で書きはじめたのが本書である。

本書では古今東西の数多くの史料をとりあげているが、既刊の書籍から引用させていただいた部分もあることを明らかにしておきたい。現代文に書き換えられている場合は、書き換え文を優先して使わせていただいた。そんなわけで、古い文書から引用した部分はその当時の文章そのままであったり、現代語に書き直されていたりして統一されていない。

第二次世界大戦中の昭和一九年、国民学校（現在の小学校）三年生の夏休みから昭和二一年の一一月まで、長野県で養蚕農家を営んでいた父の実家へ縁故疎開をした。今考えても八歳から九歳にかけての少年にとっては厳しい体験であった。

戦後になって農業の機械化と台所の電化がはじまるまで、農村の生活は基本的な部分では江戸時代の面影を色濃く受け継いでいたといわれる。疎開をしたお陰で、戦中の農村に伝わっていた、昔ながらの農業体験と生活体験を味わうことができた。田植え、田の草取り、稲刈りなどの翌日はトイレでしゃがんだら立ち上がれないほどの腰の疲れ。唐臼を踏んでは玄米を精白する。石臼を廻して小麦やソバを粉に挽いて、麺を打つ。箱膳での食後には一杯の白湯で食器を洗い、自分の布巾で拭いて箱膳にしまい込む。冬の夜には全員がそろって春からの農作業に必需品である藁縄《わらなわ》をなう。田の畦《あぜ》に植えた大豆で自家醸造の味噌を仕込んだり豆腐を作ったりする。田植えの終わった田には鯉の稚魚を放し、秋まで育てて換金する。いくら頑張っても同い年の従姉に勝てなかった桑摘み。祖母が自らの手で繭から紡いだ糸で機織りをする、などなど。どれ一つをとってみても、現在では体験したくても味わうことのむずかしい貴重な経験であった。こういった一連の経験が、食の文化を学ぶうえでどれほど役に立ったであろうかは、言うをまたない。「人間万事塞翁《さいおう》が馬」とは中国の格言であるが、筆者にとってはまさに疎開と食の文化の関係のことであろうと考える昨今である。

最後になるが、食の文化を学ぶうえでの大きなヒントを与えてくれた当時の上司で食料開発部長であった藤田節也氏、本書を書くうえで大きなインパクトを与えてくれた従弟の吉原護氏、定年退職から本書の原稿執筆までの三年間にわたって心置きなく時間をとらせてくれた妻の南海子に心から感謝の意を表して筆をおく。

二〇〇一年二月

酒井伸雄

参考文献

【総論】

『食事の文明論』石毛直道著、中公新書、一九八二年

個体を維持するための食と種族を維持するための性が人間の文化の基礎であり、食に関しては共食という文化が生まれた。単に家族や知人との食事だけでなく神々との共食という文化にまで発展し、食事は宗教とも密接に関係している。文明が世界共通のものとして各国に受け入れられるのに対し、食事はそれぞれの国や地域固有の文化の枠からずれることはない。しかし、固有の食事文化も周辺の文化と接触しその影響を受け、徐々にではあるが変貌してゆく。著者のこのような食に関する思想を語ったのが本書である。

『食と文化の謎』マーヴィン・ハリス著、岩波同時代ライブラリー、一九九四年

人間は雑食動物であり、広い範囲の食べ物を食べて生きてきた。しかし、人間は食べられるものなら、なんでもかでも食べているわけではない。どの社会でも食べる素材の幅はきわめて狭い。狭いだけではない、ある社会では嫌われている食べ物が、ほかの社会では美味とされている。イスラム教は豚を食べることを禁止しているが、中国では肉といえば豚肉を意味する。それぞれの社会での食べ物に対する選択の基準を、著者はその食べ物を獲得するためのコストと、それを食べることの栄養上のベネフィット（利益）という観点から論じている。人間の食物選択を考えるうえで、ユニークな視点の著作である。

『肉食の思想』鯖田豊之著、中公新書、一九六六年

日本の食生活を視点の基礎として、ヨーロッパの文化を論じた著作である。食生活の基礎をみるとき、ヨーロッパではパンと肉食が常にセットになっているのに対して、日本の食生活は米飯が基本になっているが、このことを気候風土面から論じている。人間と動物のあいだの断絶を明確にして、ヨーロッパの肉食のよりどころとなっているキリスト教の価値観、日本では考えられないほどの階級間の断絶があるヨーロッパの階層意識などについても触れている。食の文化を学ぶうえでは必読の書であろう。

『料理の起源』中尾佐助著、NHKブックス、一九七二年

加工や料理は学問的に研究されることの乏しい分野である。この分野の学術書はまったくないといってよいほど乏しい。こんな学問状態のところにこの本は切り込んでみようとする試みである、と著者は「まえがき」のなかで述べている。米、麦、雑穀、豆、肉と魚、乳、蔬菜と果物の加工と料理について、世界各地の異なった食文化から論じている。この本を読むと、われわれの食に関する価値観が欧米の食の価値観にいかに色濃く影響されていたかを反省させられる。食の文化を学ぶうえでは、前記『肉食の思想』とともに必読の書であろう。

【各論】

『稲の道』渡部忠世著、NHKブックス、一九七七年

東南アジア各地で古くから建造物に使われていた日干しレンガ、そのなかには細かく切ったワラの代わりにモミガラがすきこまれている。宮殿や寺院など歴史的な経緯がはっきりしている建造物に使われている

日干しレンガのなかのモミガラを計測することによって、稲の起源と伝播の経路に関する有力な説を提唱した一冊である。稲の雲南・アッサム起源説を提唱し、この稲が一方はインド大陸へと伝わり、他方は長江（揚子江）に沿って中国大陸に広まり、やがて日本に伝来したとしている。なお、中国大陸から日本への伝来経路については従来から三説あるが、本書では専門外であるとして論及はしていない。

『日本の米』富山和子著、中公新書、一九九三年

日米貿易摩擦の焦点ともなる稲・米については多く刊行物があり、米は日本文化の根幹であるといった文化論、食料需給の面からみた経済論など多方面からの論議が見られる。本書は「水田はダムである」という著者の思想に基づいて展開される日本型農業、水田を主体とした農業の環境論である。主食としての米を作るために水田は開墾され、水を治めるために河川の付け替え工事が行なわれ、灌漑のために堰を作り、水を涵養するために山に木を植える、日本の国土はこのようにして形づくられてきたと説く。日本の米を論ずるときに、風土を守るという重要な視点の一つを提供してくれる。

『粉の文化史』三輪茂雄著、新潮選書、一九八七年

粉といえば小麦粉を連想するのが普通であるが、本書では抹茶からセメントそしてファイン・セラミックスまでの広範囲な粉作りをとりあげている。われわれの生活のなかでは目に触れる機会は決して多くはないが、ひとたび生産現場に入ってみれば、製造工程では数えきれないくらいの種類の粉が使われている。小麦のように粒のままでは食べにくい食品を粉にするところから粉作りははじまった。一万年におよぶ粉作りの歴史を展望して、近代製粉工業の成立する過程を述べている。小麦粉食について考えるとき、まず本書に目を通したい。

『パンの文化史』舟田詠子著、朝日選書、一九九八年
日本の食生活ではパン食がかなりのウェイトを占めているのは事実である。そのパン食には五〇〇〇年以上におよぶ歴史と文化がある。しかし、日本ではパンを作る側は売れる商品作りに、食べる側はパンのおいしさに注意が向けられるばかりで、パンを食べる文化への関心はゼロに近い。著者がヨーロッパで実際に調査体験したパンの文化、エジプト文明以来のパンの文化についての調査に基づいて書かれた本である。文化史として All about bread といえるほど内容は多岐にわたっている。パンの文化の入門書として好適である。

『魚の文化史』矢野憲一著、講談社、一九八三年
『古事記』や『日本書紀』には魚の話がでてくるし、貝塚からは魚骨や貝殻が出土する。日本人は昔からタンパク質源として魚を食べてきた。数多くの古典文学のなかから日本人と魚の話題を紹介しながら、漁労の歴史や魚食の変遷をとりあげたのが本書である。食用の魚だけをとりあげたのではなく、信仰と結びついている魚、ヒイラギとセットになる節分のイワシなど魚の民俗、江戸のカツオの文化論など内容は幅広い。本書を読むことによって、魚についていかに知らないことが多かったかに思い至る。

『すしの貌《かお》』日比野光敏著、大巧社、一九九七年
すしは東南アジアの山地に住む人びとの魚の保存食品であった。一〜二世紀ころの中国では「鮓」の文字が見られる。日本へは稲作の伝来と同じころに伝わって来たと考えられる。当時のすしは馴れずしと呼ばれ、現在も琵琶湖の鮒ずしとして形を伝えている。すしは時代とともに生馴れ、早ずしと形を変え、江戸時代には握りずしが江戸のすしとして生まれた。握りずしが全国に普及したのは戦後の統制経済政策によ

るものである。数多くの文献を引用して、すしの成り立ちを説いた本である。
『カレーライスと日本人』森枝卓士著、講談社現代新書、一九八九年
インドのスパイス料理の文化がイギリスへわたってカレー料理となり、日本へ伝わってきたのは、明治維新の前後である。今では、そのカレーが日本の食卓で国民食にさえなっている。著者はインドでスパイス料理を食べ歩いてインドにカレー料理が存在しないことを実証し、次いでイギリスへわたってカレー粉の誕生とカレーライスの発祥を調査してきた。カレーライスの日本への伝来と普及の状況を概括したうえで、日本人がなぜカレー好きなのかについても論証している。
『中華料理の文化史』張競著、ちくま新書、一九九七年
気候風土の異なる広大な土地をもつ中国では、中華料理とはある地域の料理のことしか意味しない。そのようなわけで中華料理文化の入門書は意外と思うほど数少ないが、本書は中華料理文化の入門書としては格好の書である。孔子が生きた春秋時代から清の時代まで、中華料理の文化がどのように変貌してきたかを追っている。中華料理も周辺民族との接触によって、新しい素材や調理法を受け入れて変化してきているという。フカヒレの歴史は三〇〇年、北京ダックに至っては一〇〇年でしかないということに驚かされる。
『江戸の料理史』原田信男著、中公新書、一九八九年
明治時代以降は西洋料理の影響を、戦後になってからは中華料理の影響も受けて、現在の日本の料理文化が成り立っている。その基本になるのが江戸時代の料理文化である。江戸三〇〇年のそれぞれの時代に刊行された料理本を核にして、その時々の料理文化を考察した書である。ここにとりあげられた料理文化は、

八百善などの料理茶屋から現代の料亭につながる料理文化であり、すし、てんぷら、うなぎなど当時屋台で売られていた食べ物についてはほとんど触れられていない。

『江戸のファースト・フード』大久保洋子著、講談社選書メチエ、一九九八年

前書が料理茶屋を中心とした料理文化の本であるのに対して、江戸庶民の外食文化を核にして書かれた本である。江戸の庶民が気安く立ち食いするところが振売であり、屋台であった。てんぷら、すし、うなぎの蒲焼き、そば、おでんなどは、いずれもこの屋台売りからはじまった食べ物である。本書ではこれらの屋台の食べ物を起点に、醬油と砂糖による江戸の味の完成、江戸住まいの武士の食生活にも触れて、本膳料理や懐石料理など日本料理の完成にまで話が及んでいる。前書と合わせ読むと、江戸の料理文化が目に見えてくる。

箸の誕生と日本への伝来

はじめに

日本人は、生まれたときから人生の終末まで、箸とは切っても切れないご縁がある。人生の中でおめでたい行事を祝う膳には、「家内喜《やなぎ》」といって、新春真っ先に芽を出し、清浄で縁起が良いとされる柳で作った白木箸を使う。人生で初めて白木箸を使う祝い事は、生後百日目に迎える食い初めである。赤ちゃんにとっては食べる真似をするだけだが、儀式を行う大人の側では、早く食べられるようになり、一人前に育って欲しいという願いを込めている。一方、人生の最後には、割り箸に綿を糸でしばりつけたもので、唇を水でうるおしてもらう末期の水があり、故人にたいして箸を使う最後の場である。

儀式の場だけでなく、食事のたびに使う箸であるが、日本人にとって、箸は単に食べるためだけの食具ではない。中国や朝鮮半島では箸は誰のものでもなく、箸を所有する特定の個人は定まっていない。また、ヨーロッパの食卓でもナイフやフォークの持ち主は決まっていない。一方、日本の家庭では、だれしもが自分の箸を持っている。いかに親しい間柄であっても、他人の箸を使って食事をすることはまずありえない。箸は、その所有者にとっての分身に等しく、神聖侵すべからざるものなのである。日本人の食文化を支え、人生の通過儀式にも使われる箸がどこで生まれ、どのようにして日本人の食生活の中に定着したかを小論に纏めた。

中国で始まった箸食文化

箸の出現は遠く殷《いん》の時代までさかのぼる。考古学的に存在が確認されている中国最古の王朝が殷であり、殷の時代の後期に都としていた地の遺跡、殷墟《いんきょ》から、青銅製の武器や飲食器とともに、青銅製の二本の箸や食卓用の匙が発掘されている。この二本の箸は日常の食生活に用いるものではなく、祭祀の際に食べ物を供えるために使う礼器であった。この当時は、王侯貴族といえども箸などの食具はいっさい使わず、食べ物を直接手でつかんで食べる手食であったことはいうまでもない。中国で食事の際に箸を使うことが普及したのは、漢代になってからのことであった。箸を使って食事をする文化は、中原《ちゆうげん》（黄河の中下流域の平原地帯）で誕生し、漢民族の文化として発達してきた。

中国や朝鮮半島での食事の際には、必ずといってよいくらい箸と匙が一緒に食卓に並んでいる。匙の歴史は箸よりも古く、七千五百年前の匙が中原で発掘されている。前漢時代に編纂された、中国の礼儀に関する書『礼記《らいき》』には、箸と匙を使うマナーについて、「おかずは箸、飯は匙を使うこと。具のない吸い物も箸は使わない」と書かれており、漢の食文化は「匙主箸従」であった。

匙主箸従から箸主匙従へ

古代の中国文明の発祥の地である中原では、コムギを使って饅頭《まんとう》や麺類を作るか、アワ、キビ、オオムギなどの雑穀類を炊いて主食としていた。炊きあがった雑穀飯は、米飯とは異なり、パサパサとしてまとまりのない飯であった。このような飯を食べるためには、箸より匙の方が便利なのは明らかであり、中原では匙食が発達した。

江南（長江下流域の南岸地帯）の地を拠点にして、中国の天下統一をはたした初めての王朝である明《みん》は、その治世の前半の首都を長江沿いにある南京におき、後半になって北京へと遷都している。南京がある長江の下流域は、古くから稲作が発達しており、日本と同じように粘り気のある短粒米を主食としていた。粘り気のある米飯を食べるのには、匙よりも箸の方が便利なのは明らかである。その後次第に飯を箸で食べるようになった。

北京へと首都が移ってからも、隋《ずい》の煬帝《ようだい》の時代に拓かれた、長安—黄河—淮河—長江—杭州をつなぐ、総延長二五〇〇キロメートルにも及ぶ大運河を利用して、江南地方の豊かな産物が黄河流域にも運ばれてくる。その中には当然のことながら、長江流域でとれる短粒米も含まれている。食味という点で比較すれば、アワやキビ、オオムギなどの雑穀飯は短粒米で炊いた米飯にはかなわない。黄河の流域でも、短粒米が食事に取り入れられるようになり、箸を使用する機会は増えていった。十五世紀前半には、従来の「匙主箸従」の食文化は「箸主匙従」の食文化へと変化しており、食卓で見かける匙類は、陶器製の散蓮華《ちりれんげ》くらいしかなくなっていた。

箸食文化の伝播

中国で発達した箸食の文化は、米を主食としている日本、朝鮮半島、台湾、ベトナムなど東アジアにも広く伝わった。その中でも中国や朝鮮半島の人びとは、細部での使い方に差はあるものの、箸と匙を併用する食文化を今日まで維持しているのに対し、日本では箸だけで食事をする日本型の食文化を築いている。

一口に、箸と匙の併用食文化といっても中国と朝鮮半島の食文化は異なっている。朝鮮半島へ箸が伝わったのは、今から約二〇〇〇年前のことで、平壌《ピョンヤン》付近の楽浪《らくろう》の遺跡から金属製の箸と匙が発掘されている。その後、百済《くだら》や新羅《しらぎ》の遺跡からも金属製の箸や匙が出土しており、朝鮮半島全土で箸と匙を併用する食文化が一般化し、そのまま現在に至っている。

さきに述べた通り、中国では明の時代に匙主箸従から箸主匙従へと食文化が変化したが、朝鮮半島では、匙主箸従という漢時代の食事方法が今もそのまま続いている。飯は匙で食べ、汁も匙ですくって飲み、匙が食事の中で主役を担っている。仮にも、飯を箸で食べようとすれば、はしたない作法と見なされ、人格を疑われても仕方がない。箸はキムチなどのおかず類をつまむもので、わき役的な存在にあまんじている。匙（スッカラッ）、箸（チョッカラッ）のほかにも匙箸（スジョ）という言葉もあり、両者ともに食生活の中で重要な役割をになっていることが判る。

日本、中国、朝鮮半島以外の国で箸を使っているのはベトナムであり、東南アジアで箸を使いこなす唯一の国である。一方、中国と国境を接していながら、騎馬民族であったモンゴル人が箸を使う機会は少ない。箸を使うのは麺類を食べるときだけであるという。今は中国の一部になっているチベットでは、手で食べ物をつかんで食べる、いわゆる手食が一般的である。手食と聞くと、遅れた食文化のように錯覚しがちであるが、パンにしろ、おにぎりにしろ、菓子類にしろ、日本人もかなりのウエイトで手食を日常生活の中に取り入れていることを忘れてはいけない。

二本箸の伝来と普及

日本で初めて食卓に箸を取り入れたのは聖徳太子であるといわれている。推古天皇《すいこてんのう》一五年（六〇七）に小野妹子《おののいもこ》を遣隋使《けんずいし》として派遣し、一行は箸と匙を組みあわせた中国式の食事作法による歓待を受けた。翌年、妹子ら遣隋使が帰国する際に、隋から日本に派遣される隋使の一行も一緒に来日した。隋からの使者裴世清《はいせいせい》らを歓待するため、中国の食事作法を取り入れて、宮中では初の二本箸と匙を使った歓迎の宴が開かれた。これがわが国における二本箸使用の最初の記録とされている。

中国の箸食文化は、この隋使の来日をきっかけとして、宮中の儀式や供宴に採用されるようになり、二本箸の食文化がはじまった。壬申《じんしん》の乱（六七二）以降は宮中の儀式のみにとどまらず、宮中で働く下級役人も宮中では箸食をするようになっていったが、家に帰ればまだ手食の時代であった。平城《へいじょう》京（七一〇〜七八四）跡では、内裏のごみ捨て穴から数多くの遺物が出土している。その中に、直径が〇・五センチメートルくらいの太さで、長さが一七〜二二センチメートルくらいに加工した、ヒノキの丸棒が数多くある。現代の割箸のように使い捨てされていた箸であろうと推定されている。

未完成のまま建設工事が中断された長岡京（七八四〜七九四）では、宮跡からは箸はほとんど出土していないが、まだ発見されていないだけのことであろうと推定されている。街なかにある遺跡からは、手許より先が細くなった箸がたくさん発見されている。先が細くなった箸にすることによって、食物をつまみやすくなり、両端を汚すこともなくなり、箸の発達史上で重要な変化であった。この頃から、現在われわれが使っている形の箸が広く普及しはじめてきたと考えられる。

二本箸伝来以前の箸

二本箸が伝わってくる以前にも、日本には日本独特の箸があった。『古事記』には、スサノオノミコトが川の上流から流れてきた箸を見て、上流に人が住んでいることを知り、それがきっかけとなって、ヤマタノオロチを退治した話がある。この時流れてきた箸は二本箸ではなく、一本の棒を中央で曲げてつくったピンセット状の箸だったと考えられている。二本箸が並んで一緒に流れてくるはずもなく、一本だけ流れてきたのなら、材木の切れ端や木の枝と見分けがつかない。いずれにしても、『古事記』のなかのこの話が、日本で一番古い箸の記録とされている。また、奈良県桜井市には三世紀後半の築造とされる箸墓《はしはか》古墳があることからも、古墳時代には既に箸が使われていたと推定できる。この時代に使われていた箸は、中国で普及していた二本箸ではなく、前述のピンセット状の箸であったと考えられている。

正倉院の宝物の中にも、銀製や鉄製のピンセット状の箸があり、鉗《かなばさみ》と呼ばれている。宮中には、新嘗祭《にいなめさい》といって、天皇がその年に収穫した五穀を神に供え、自らも食べ、その年の収穫を感謝するとともに、翌年の豊作を願う祭儀がある。天皇が即位後はじめて行なう新嘗祭である大嘗祭《だいじょうさい》や、格式のある古くからの神社での儀式に際して鉗が用いられている。二本箸が中国から伝わってくる以前に使用された箸であろうと考えられる。

唐代の宴会（墓室壁画、陝西省長安県）

箸の置き方

日本では箸を横向きに置くのが常識であるが、中国料理や朝鮮料理の店に入れば、箸は必ず縦向きに置いてある。中国で生まれた箸が日本と韓国に伝わり普及する中で、なぜ日本だけ箸の置き方が異なってしまったのであろうか。大きな疑問である。『中華料理の文化史』（張競、一九九七、ちくま新書）に、次のような記述がある。

一九八七年に陝西省長安県の南里王村で唐代中期

の墓が発掘され、墓室の壁画が見つかった。宴会の場面を描いたものだが、低い食卓の上に箸が横向きに置かれているのがはっきりとうかがえる（図参照）。証拠はこれだけではない。敦煌の莫高窟の四七三窟の壁画にも宴席の場面が出てくるが、箸とちりれんげは横向きに置かれている。

少なくとも、唐代までは中国でも箸が横向きに置かれていたことが判る。唐と宋の間には五代十国と呼ばれる戦乱の時代があった。北方の騎馬民族が黄河流域に侵入してきて王朝を樹立した。北方から侵入してきた民族は牧畜を生業としていたから、主となる食料は肉と乳であった。肉を食べるためには当然のことながらナイフを使わなければならない。刃物を使う際には、うっかりして使い方を誤ると怪我をするから、食事の時にはナイフの刃先を自分から遠い方へ向けて置くのが普通である。このことは西洋料理でのナイフとフォークの置き方を見ても明らかである。

南下した騎馬民族は、ナイフを使って肉を食べやすい大きさに切り分けて食べる習慣をそのまま持ち込んできた。彼らの王朝では、皇帝はじめ官僚たちは、ナイフにあわせて箸も縦向きに置くようになった。このようにして箸を縦に置く文化が大陸内に芽生えた。この習俗を決定的なものとして、中国大陸に植え付けたのは、その後、九十七年間にわたって続いた元《げん》（騎馬民族のモンゴル人による国家）の中国支配であった。

朝鮮半島でも箸と匙は縦に置くが、横置きから縦置きへと変化した経緯は中国の場合と少し異なっている。朝鮮半島における仏教は、高麗時代に隆盛し、殺生禁断の戒律に従い、肉食の風集はこの国からほとんど姿を消していた。中国の場合と同じように、元に支配されるようになってから、朝鮮半島の人びとは、モンゴル人から肉の食べ方を教わり、食卓でのナイフの使い方を教わった。その結果、中国の場合と同様に、箸を縦に置く文化が定着したといわれている。

本書の原本は、二〇〇一年に中央公論新社より刊行されました。

著者略歴
一九三五年　神奈川県に生まれる
一九五八年　東京大学農学部農芸化学科卒業
明治製菓（株）食品開発研究所室長、同食料生産部長、愛媛明治（現四国明治）（株）社長を歴任
現　在　食文化史家

〔主要著書〕
『文明を変えた植物たち　コロンブスが遺した種子』（ＮＨＫ出版、二〇一一年）

読みなおす日本史

日本人のひるめし

二〇一九年（平成三十一）三月一日　第一刷発行

著　者　酒《さか》井《い》伸《のぶ》雄《お》
発行者　吉川道郎
発行所　株式会社　吉川弘文館
郵便番号一一三―〇〇三三
東京都文京区本郷七丁目二番八号
電話〇三―三八一三―九一五一〈代表〉
振替口座〇〇一〇〇―五―二四四
http://www.yoshikawa-k.co.jp/

組版＝株式会社キャップス
印刷＝藤原印刷株式会社
製本＝ナショナル製本協同組合
装幀＝渡邉雄哉

ISBN978-4-642-07102-4

読みなおす日本史

刊行のことば

現代社会では、膨大な数の新刊図書が日々書店に並んでいます。昨今の電子書籍を含めますと、一人の読者が書名すら目にすることができないほどとなっています。ましてや、数年以前に刊行された本は書店の店頭に並ぶことも少なく、良書でありながらめぐり会うことのできない例は、日常的なことになっています。

人文書、とりわけ小社が専門とする歴史書におきましても、広く学界共通の財産として参照されるべきものとなっているにもかかわらず、その多くが現在では市場に出回らず入手、講読に時間と手間がかかるようになってしまっています。歴史の面白さを伝える図書を、読者の手元に届けることができないことは、歴史書出版の一翼を担う小社としても遺憾とするところです。

そこで、良書の発掘を通して、読者と図書をめぐる豊かな関係に寄与すべく、シリーズ「読みなおす日本史」を刊行いたします。本シリーズは、既刊の日本史関係書のなかから、研究の進展に今も寄与し続けているとともに、現在も広く読者に訴える力を有している良書を精選し順次定期的に刊行するものです。これらの知の文化遺産が、ゆるぎない視点からことの本質を説き続ける、確かな水先案内として迎えられることを切に願ってやみません。

二〇一二年四月

吉川弘文館

読みなおす日本史

- 地理から見た信長・秀吉・家康の戦略　足利健亮著　二二〇〇円
- 神々の系譜 日本神話の謎　松前　健著　二四〇〇円
- 古代日本と北の海みち　新野直吉著　二二〇〇円
- 白鳥になった皇子 古事記　直木孝次郎著　二二〇〇円
- 島国の原像　水野正好著　二四〇〇円
- 入道殿下の物語 大鏡　益田　宗著　二二〇〇円
- 中世京都と祇園祭 疫病と都市の生活　脇田晴子著　二二〇〇円
- 吉野の霧 太平記　桜井好朗著　二二〇〇円
- 日本海海戦の真実　野村　實著　二二〇〇円
- 古代の恋愛生活 万葉集の恋歌を読む　古橋信孝著　二四〇〇円
- 木曽義仲　下出積與著　二二〇〇円
- 足利義政と東山文化　河合正治著　二二〇〇円
- 僧兵盛衰記　渡辺守順著　二二〇〇円
- 朝倉氏と戦国村一乗谷　松原信之著　二二〇〇円
- 本居宣長 近世国学の成立　芳賀　登著　二二〇〇円
- 江戸の蔵書家たち　岡村敬二著　二四〇〇円
- 古地図からみた古代日本 土地制度と景観　金田章裕著　二二〇〇円
- 「うつわ」を食らう 日本人と食事の文化　神崎宣武著　二二〇〇円
- 角倉素庵　林屋辰三郎著　二二〇〇円
- 江戸の親子 父親が子どもを育てた時代　太田素子著　二二〇〇円
- 埋もれた江戸 東大の地下の大名屋敷　藤本　強著　二五〇〇円
- 真田松代藩の財政改革 『日暮硯』と恩田杢　笠谷和比古著　二二〇〇円

吉川弘文館
（価格は税別）

読みなおす日本史

- 日本の奇僧・快僧　今井雅晴著　二二〇〇円
- 平家物語の女たち　大力・尼・白拍子　細川涼一著　二二〇〇円
- 戦争と放送　竹山昭子著　二四〇〇円
- 「通商国家」日本の情報戦略　領事報告を読む　角山　榮著　二二〇〇円
- 日本の参謀本部　大江志乃夫著　二二〇〇円
- 宝塚戦略　小林一三の生活文化論　津金澤聰廣著　二二〇〇円
- 観音・地蔵・不動　速水　侑著　二二〇〇円
- 飢餓と戦争の戦国を行く　藤木久志著　二二〇〇円
- 陸奥伊達一族　高橋富雄著　二二〇〇円
- 日本人の名前の歴史　奥富敬之著　二四〇〇円
- お家相続　大名家の苦闘　大森映子著　二二〇〇円
- はんこと日本人　門田誠一著　二二〇〇円
- 城と城下　近江戦国誌　小島道裕著　二四〇〇円
- 江戸城御庭番　徳川将軍の耳と目　深井雅海著　二二〇〇円
- 戦国時代の終焉　「北条の夢」と秀吉の天下統一　齋藤慎一著　二二〇〇円
- 中世の東海道をゆく　京から鎌倉へ、旅路の風景　榎原雅治著　二二〇〇円
- 日本人のひるめし　酒井伸雄著　二二〇〇円
- 隼人の古代史　中村明蔵著　（続　刊）
- 蝦夷の古代史　工藤雅樹著　（続　刊）
- 日本における書籍蒐蔵の歴史　川瀬一馬著　（続　刊）

吉川弘文館
（価格は税別）